公路隧道质量安全管控提升指南

Guidelines for Improving Quality and Safety Control of Highway Tunnels

交通运输部安全与质量监督管理司　组织编写

人民交通出版社股份有限公司

北　京

图书在版编目（CIP）数据

公路隧道质量安全管控提升指南 / 交通运输部安全与质量监督管理司组织编写. — 北京：人民交通出版社股份有限公司，2021.9
ISBN 978-7-114-17587-9

Ⅰ.①公… Ⅱ.①交… Ⅲ.①公路隧道—质量控制—指南 Ⅳ.①U459.2-62

中国版本图书馆 CIP 数据核字（2021）第 176180 号

Gonglu Suidao Zhiliang Anquan Guankong Tisheng Zhinan

书　　　名：	公路隧道质量安全管控提升指南
著　作　者：	交通运输部安全与质量监督管理司
责任编辑：	刘永超　石　遥
责任校对：	刘　芹
责任印制：	张　凯
出版发行：	人民交通出版社股份有限公司
地　　　址：	（100011）北京市朝阳区安定门外外馆斜街 3 号
网　　　址：	http://www.ccpcl.com.cn
销售电话：	（010）59757973
总　经　销：	人民交通出版社股份有限公司发行部
经　　　销：	各地新华书店
印　　　刷：	北京市密东印刷有限公司
开　　　本：	880×1230　1/16
印　　　张：	6.75
字　　　数：	138 千
版　　　次：	2021 年 9 月　第 1 版
印　　　次：	2021 年 9 月　第 1 次印刷
书　　　号：	ISBN 978-7-114-17587-9
定　　　价：	70.00 元

（有印刷、装订质量问题的图书由本公司负责调换）

《公路隧道质量安全管控提升指南》编审组

审定组

组　　长：张继顺
副 组 长：李关寿　陈　跃　党延兵
成　　员：朱　文　吴华金　晏胜波　李嘉靖　田巨锋
　　　　　程崇国　吴梦军　李洪斌　罗海峰　翁优灵
　　　　　桂志敬　宋轶骏　尼颖升　段金龙

编写组

主　　编：陈伯奎　秦　峰
副 主 编：李建军　沈小俊　刘文斌　李俊锋　王天林
　　　　　秦之富
编写人员：郭成川　张明强　张　卓　陈虎森　王建忠
　　　　　李剑平　赵　辉　邬刚柔　袁小东　赵文轲
　　　　　苏建坤　王晓冉　王德洋　任志华　于　伟
　　　　　陈家亮　霍剑雄　罗　江　李　昕　刘瑞全
　　　　　李万宝　查　进　贺　斗　刘　范　王玉洁
　　　　　林　强　陈　强　刘　彬　胡　浩　谭大龙
　　　　　邹　新　曾知法　刘明伟　张银金　蒲　端
　　　　　程　曦

主编单位： 重庆市交通局

　　　　　　云南省交通运输厅

　　　　　　陕西省交通运输厅

参编单位： 重庆市交通运输综合行政执法总队工程质量监督支队

　　　　　　云南省交通运输厅工程质量监督局

　　　　　　陕西省交通运输厅工程质量监督站

　　　　　　招商局重庆交通科研设计院有限公司

　　　　　　重庆市交通规划和技术发展中心

　　　　　　招商局重庆公路工程检测中心有限公司

　　　　　　云南航天工程物探检测股份有限公司

　　　　　　中国交通建设集团有限公司

　　　　　　中铁十一局集团有限公司

　　　　　　中铁一局集团有限公司

　　　　　　中交一公局集团有限公司

　　　　　　贵州桥梁建设有限责任公司

　　　　　　江西省交通工程集团有限公司

　　　　　　重庆高速工程顾问有限公司

　　　　　　重庆铁发双合高速公路有限公司

　　　　　　重庆南两高速公路建设有限公司

　　　　　　云南玉楚高速公路投资开发有限公司

　　　　　　陕西高速集团安岚高速公路建设管理处

序

"十三五"期间是交通基础设施发展、服务水平提高和转型发展的黄金时期。当前，我国交通基础设施建设规模总量大，交通建设正处于施工高峰期，安全生产风险大、形势严峻、任务艰巨。因此，要深入贯彻落实党的十九大精神，以习近平新时代中国特色社会主义思想为指导，认真落实党中央、国务院决策部署，坚持以人民为中心，牢固树立安全发展理念，深化平安交通建设，推动改革创新，健全安全体系，坚决遏制生产安全事故，为建设交通强国提供坚实可靠的安全保障。

品质工程是践行现代工程管理发展的新要求，追求工程内在质量和外在品位的有机统一，以"优质耐久、安全舒适、经济环保、社会认可"为建设目标的公路水运工程建设成果。一直以来，交通运输部始终坚持质量第一、安全至上的理念，落实交通强国战略部署，全力推进品质工程建设，全面提升交通建设质量安全水平，更好地满足经济社会发展和人民群众安全便捷、高效出行的需要。

2018年2月1日，交通运输部办公厅印发了《品质工程攻关行动试点方案（2018—2020年）》，开展为期3年的品质工程攻关行动，旨在解决公路水运工程建设重点领域的突出问题，提炼、推广先进工程技术管理经验，完善有关工程质量安全技术标准，全面提升工程质量安全管理水平。此次攻关行动围绕"两区三厂"（生活区、办公区、钢筋加工厂、拌和厂及预制厂）建设安全标准化、桥梁预制构件质量提升、隧道施工质量安全管控能力提升、工程质量安全技术"微创新"、施工现场安全防护设施标准化、施工班组规范化管理等6方面攻关任务，分阶段形成品质工程建设质量安全管理制度或技术要求。

截至2020年底，我国已建成公路隧道21316处、21999.3km，是当之无愧的公路隧道大国。然而，在公路隧道建设过程中，塌方、涌突水等造成人身伤亡的安全事故时有发生，为提升公路隧道施工质量与安全管控能力，我司组织重庆、云南、陕西等地相关单位和人员，依托试点项目和试点企业，编写了《公路隧道质量安全管控提升指南》（以下简称《指南》）。

《指南》针对隧道开挖、初期支护、二次衬砌、超前地质预报、监控量测、隐蔽工程检测、动态设计等在施工中存在的突出质量安全问题，分别提出了技术提升的要求与办法，提出的"五新技术"经过依托工程的实践应用，取得了良好的效果，对指导施工单位安全、高质、高效地按《公路隧道施工技术规范》（JTG/T 3660—2020）和《公路工程施工安全技术规范》（JTG F90—2015）的要求完成隧道建设有很好帮助。《指南》特别强调6S管理、工序影像管理等先进管理理念在隧道施工中的应用，以期进一步提升我国公路隧道建设管理水平。

全面推动隧道施工质量安全管控能力提升，提高隧道施工质量安全水平。深入推进"精品建造、精细管理"，为"平安百年品质工程"建设打好坚实基础，为加快建设交通强国，建设一流交通运输基础设施提供强有力的支撑。

交通运输部安全与质量监督管理司
2021 年 7 月

前　言

《公路隧道质量安全管控提升指南》（以下简称《指南》）主要围绕解决隧道开挖、初期支护、二次衬砌、超前地质预报、监控量测、隐蔽工程检测、动态设计等施工环节存在的质量与安全突出问题而编制。

《指南》编写组在重庆、云南、陕西三省（市）依托工程的支持下，广泛总结工程实践中的"五新技术"，希望以新的工艺、工装保质量，用"机械化换人、自动化减人"保安全，配合6S管理、施工安全清单化检查、施工过程影像标准化管理、新的地质预报、无损检测技术及信息化手段进行管控，以期达到提升隧道关键工序质量与安全的目的。

为使《指南》易于阅读理解，编制过程特别注重图文演示，针对所述的部分"五新技术"，制作了部分视频和动画供读者学习参考，请扫描本书封底的二维码查看。

鉴于编写时间较为紧迫，且编者水平有限，如有不当之处，敬请广大读者批评指正！

本书编写组
2021 年 7 月

目 录

1 总则 ··· 1
2 术语 ··· 2
3 隧道开挖 ·· 3
　3.1 一般规定 ··· 3
　3.2 隧道开挖基本要求 ·· 3
　3.3 超欠挖控制 ·· 4
　3.4 技术提升 ··· 4
4 初期支护 ·· 7
　4.1 一般规定 ··· 7
　4.2 喷射混凝土施工 ··· 7
　4.3 锚杆施工 ··· 8
　4.4 钢筋网施工 ·· 9
　4.5 钢架施工 ··· 10
　4.6 技术提升 ··· 11
5 二次衬砌 ·· 14
　5.1 一般规定 ··· 14
　5.2 二次衬砌基本要求 ·· 14
　5.3 混凝土不密实控制 ·· 17
　5.4 脱空控制 ··· 17
　5.5 厚度控制 ··· 18
　5.6 防水层铺挂 ·· 19
　5.7 止水带安装 ·· 20
　5.8 技术提升 ··· 20
6 超前地质预报 ··· 27
　6.1 一般规定 ··· 27
　6.2 超前地质预报基本要求 ··· 27
　6.3 断层的预报 ·· 29
　6.4 岩溶的预报 ·· 29
　6.5 水害的预报 ·· 29
　6.6 煤层瓦斯预报 ·· 30

| | 6.7 技术提升 | 30 |

7 监控量测
	7.1 一般规定	35
	7.2 监控量测基本要求	35
	7.3 技术提升	36

8 隐蔽工程检查与无损检测
	8.1 一般规定	39
	8.2 隐蔽工程检查基本要求	39
	8.3 隧道施工工序影像管理	39
	8.4 隐蔽工程无损检测管理	41
	8.5 技术提升	42

9 动态设计
	9.1 一般规定	46
	9.2 动态设计管理基本要求	46
	9.3 技术提升	47

附录 A 隧道施工 6S 管理清单 …… 48
附录 B 隧道施工安全检查清单 …… 60
附录 C 隧道施工工序影像记录要求 …… 73
附录 D 掌子面围岩观察记录 …… 78
附录 E 隧道凿岩台车 …… 79
附录 F 工厂化生产和仓储式管理 …… 81
附录 G 拱架安装台车 …… 85
附录 H 湿喷机械手 …… 86
附录 I 分层逐窗浇筑系统 …… 87
附录 J 恒温恒湿养护台车 …… 89
附录 K 防水层铺挂台车 …… 90
附录 L 仰拱液压栈桥模架一体机 …… 91
附录 M 液压水沟电缆槽台车 …… 93
附录 N 超前地质预报（分期）报告格式 …… 94
附录 Q 监控量测管理系统 …… 95

1 总则

1.0.1 根据公路工程品质攻关行动的要求，为解决公路隧道（下称"隧道"）开挖、初期支护、二次衬砌、超前地质预报、监控量测、隐蔽工程检测、动态设计的突出问题，提升隧道工程质量安全管控水平，编制本指南。

1.0.2 本指南适用于以钻爆法开挖为主的新建隧道，改扩建隧道可参照执行。

1.0.3 隧道施工应进行安全风险评估，并制订风险管控预案和应急预案。

1.0.4 推广成熟的新工艺、新技术、新材料、新设备和新管控方法。

1.0.5 应严格实施各施工工序 6S 管理，提高施工人员安全素养。隧道施工 6S 管理清单见附录 A。

1.0.6 应随时进行工序安全清单化检查，责任到人。隧道施工安全检查清单见附录 B。

1.0.7 应按本指南隧道施工工序影像管理要求，收集影像记录资料。隧道施工工序影像记录要求见附录 C。

1.0.8 应积极采用先进技术开展隧道监控量测、超前地质预报及隐蔽工程检测工作，并用成果指导施工。

1.0.9 鼓励机械化换人、自动化减人，鼓励装备微改造，工艺微改进，工法微改良。

1.0.10 推行隧道建设全过程质量、安全及施工信息动态管理系统，加强动态设计管理。

1.0.11 本指南未涉及内容应按照国家、行业现行的相关标准、规范执行。

2 术语

2.0.1 6S 管理

将施工过程的所有质量、安全管理行为按整理（SEIRI）、整顿（SEITON）、清扫（SEISO）、清洁（SEIKETSU）、素养（SHITSUKE）、安全（SECURITY）六方面分类，并实施检查确认的一种管理方法。

2.0.2 五新技术

新的工艺、技术、材料、设备、管控方法。

3 隧道开挖

3.1 一般规定

3.1.1 隧道洞口施工应遵循"早进晚出"的原则。

3.1.2 隧道洞口边仰坡应遵循"零开挖"或"少开挖"的原则，保护洞口生态。

3.1.3 隧道洞身开挖应遵循"短进尺、弱爆破、强支护、早封闭、勤量测"的原则。

3.1.4 隧道每一循环开挖后，应做好地质状况核对。

3.1.5 应减少对周边围岩的扰动，充分发挥围岩的自承载能力。

3.1.6 开挖轮廓应圆顺，开挖面应平整，严格控制欠挖，宜减少超挖。

3.1.7 对不良地质地段，应采取辅助工程措施，遵循"先加固后开挖"的施工原则。

3.2 隧道开挖基本要求

3.2.1 工艺要求

1 洞口段存在偏压时，宜先施工埋深浅的外侧洞，待外侧洞偏压段二次衬砌完成后再施工内侧洞；当偏压影响严重时，应先采取减少或消除偏压影响的工程措施后，再进行进洞开挖。

2 隧道对向开挖的工作面相距小于4倍隧道开挖跨度时，两端施工应加强联系，统一指挥，严禁同时起爆。土质和软弱破碎围岩，两开挖面间距小于3.5倍隧道开挖跨度时，应改为单向开挖；围岩条件较好段落，两开挖面间距小于2.5倍隧道开挖跨度时，应改为单向开挖。

3 隧道爆破开挖应采用光面爆破，可采用水压光面爆破等技术。

4 前后两茬炮衔接段的台阶形误差不宜大于150mm，使用凿岩台车时可根据实际情况另行确定。

 5 不同岩质炮孔痕迹保存率应为：硬岩≥80%、中硬岩≥70%、软岩≥50%。

 6 台阶法开挖时，下台阶严禁对称开挖，左、右侧开挖宜前后错开3～5m，当左右侧围岩有明显差异时，应先开挖围岩较差一侧。

 7 拱脚、墙脚以上1m范围内及净空图折角对应位置严禁欠挖，欠挖处宜采用机械清除。

 8 仰拱一次开挖长度：土和软岩应不大于3m，硬岩应不大于5m。开挖后应及时施作仰拱初期支护、二次衬砌和填充。

 9 因采用五新技术使得二次衬砌和仰拱与掌子面距离需超过相关规范的安全步距要求时，应提前进行专项方案论证。

3.2.2 管理要求

 1 每一开挖循环应做好围岩观察记录，核实掌子面及周边地质情况。掌子面围岩观察记录内容见附录D。

 2 当现场围岩条件与设计不一致时，应及时反馈并召开由参建各方参加的围岩级别及支护参数变更讨论会，如需变更，每次变更长度宜不超过20m。

 3 施工单位应组织编制爆破施工专项方案，爆破作业应在上一循环喷射混凝土终凝3h后进行。

 4 在隧道开挖前应根据超前地质预报、监控量测，结合掌子面围岩稳定条件、地下水水量情况，确定下一循环的开挖方案。排险、测量、钻孔、装药、爆破等作业环节，应进行现场过程安全和质量确认。

3.3 超欠挖控制

3.3.1 工艺要求

 1 开挖轮廓线应放样，周边孔应做标记。
 2 应检查周边孔间距、钻孔外插角度。
 3 周边孔的装药量和装药方式应严格按照批复的爆破设计方案执行。

3.3.2 管理要求

 1 开挖后应对开挖轮廓线进行检查，及时反馈爆破效果。

3.4 技术提升

3.4.1 隧道凿岩台车
 1 装备概述
  隧道凿岩台车是一种适用于隧道钻孔掘进作业的大型凿岩设备，具有钻孔速度快、钻机定位迅速准确、不需辅助台架、工序衔接紧等优点，可用于隧道开挖、超前支护及超前地质预报等的钻孔作业。隧道凿岩台车如图 3-1 所示。隧道凿岩台车应用范例见附录 E。

图 3-1　隧道凿岩台车

2　提升效果

1）提升隧道钻进施工工效，提高掘进速度；

2）降低钻孔作业操作人员人数，降低劳动强度，降低钻进施工安全风险；

3）可利用凿岩台车施工系统锚杆和超前小导管，缩短锚杆施工时间；

4）可兼作超前钻机使用，减少设备数量，提高超前钻孔速度；

5）可根据钻孔过程中产生的数据进行自动记录和分析，初步判断围岩状况。

3　适用条件

1）Ⅰ、Ⅱ、Ⅲ和部分Ⅳ级围岩的长、特长隧道；

2）应配套与炮孔直径相适应的药卷；

3）应配套相应的供水及供电设施设备。

3.4.2　铣挖机

1　装备概述

铣挖法是利用铣挖机具进行隧道开挖的非爆破开挖方法。铣挖机按功能区分为悬臂式铣挖机和普通铣挖机，如图 3-2 所示。

a) 悬臂式铣挖机

b) 普通铣挖机

图 3-2　铣挖机

2 提升效果

1）在软弱围岩段，与钻爆法相比可提升掘进工效；

2）减少钻进操作人员人数，降低劳动强度，降低钻进施工安全风险；

3）减小对围岩的扰动，可快速准确地修整隧道轮廓，较好控制超欠挖；

4）结构简单，使用方便，易维护。

3 适用条件

1）Ⅴ、Ⅵ级或土质围岩；

2）围岩欠挖找平；

3）严禁采用爆破开挖的软弱围岩。

3.4.3 水压爆破

1 工艺概述

水压爆破是在炮孔内装药时，在炮眼底部和中部放入数个水袋，并在水袋间填充炸药，最后用炮泥堵塞炮眼的一种爆破方式。水压爆破与常规爆破相比，除在爆破设计阶段有所不同，增加了炮眼注水工艺和炮泥制作堵塞工艺外，其他操作与常规爆破相同。图 3-3 为水压爆破装药的一种范例。

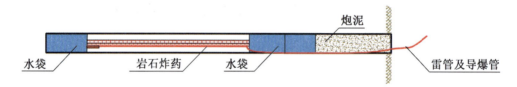

图 3-3 水压爆破装药范例

2 提升效果

1）减少爆破炮眼数量，缩短钻孔作业时间，减小对围岩的扰动；

2）提高炸药能量利用率，节约炸药；

3）减少爆破粉尘；

4）缩短爆破通风时间。

3 适用条件

1）非遇水软化性围岩隧道；

2）应配套专用的水袋及炮泥制作机具。

4 初期支护

4.1 一般规定

4.1.1 初期支护应在隧道开挖、找顶排险后及时施作。

4.1.2 应先对围岩进行初喷后,再进行初期支护的其他工序施工。初喷厚度应根据围岩级别确定,初喷厚度宜控制在20~50mm。

4.1.3 喷射混凝土、锚杆安设、钢架架立等环节,应现场进行过程质量确认。

4.1.4 初期支护完成后,应对强度、厚度、平整度、喷层与围岩接触情况、锚杆安设长度、锚固密实度、锚杆拔力、钢架数量及平均间距等进行检测。

4.1.5 应采用地质雷达对初期支护质量进行检测,测线数量对于两车道隧道不少于5条,三车道及以上隧道不少于7条。

4.1.6 锚杆组件及钢架构件应工厂化生产。

4.2 喷射混凝土施工

4.2.1 工艺要求
1 喷射混凝土宜采用湿喷工艺,特殊情况下可采用其他工艺。
2 初喷混凝土前,应清理受喷面松动岩块、浮石、粉尘等。
3 初喷混凝土前,宜设置喷射混凝土厚度控制标识。
4 喷射混凝土应采用分段、分片、分层自下而上的顺序喷射,拱顶每次复喷厚度不宜大于100mm,边墙每次复喷厚度不宜大于150mm,复喷最小厚度不宜小于50mm。
5 初喷后仍有出水的地段,可先对出水点进行引排、隔离处理,后进行复喷作业。
6 复喷应在前一层喷射混凝土终凝后进行,复喷时应将凹处找平。
7 型钢钢架与围岩间空隙应喷填密实,可采用低风压近距离喷射。
8 喷射混凝土内不得用杂物回填。

9 喷射混凝土应密实，表面平顺，无漏喷，无钢筋网和钢架外露。

10 表层喷射混凝土完成喷射至初凝前，可采用高压风吹平工艺，提高喷射混凝土表面平整度。采用吹平工艺后的喷射混凝土表面如图 4-1 所示。

图 4-1 采用吹平工艺后的喷射混凝土表面

11 初期支护喷射混凝土与围岩间存在的不密实或空洞应采用打眼压浆处理。

12 喷射混凝土层出现开裂剥落时，应分析原因，并及时采取措施。

4.2.2 管理要求

1 应对初期支护与围岩间的密实情况进行检查，重点检查钢架与围岩间的密实情况。

2 应对喷射混凝土起止桩号、初喷、喷射混凝土厚度等进行影像记录。

3 应对喷射混凝土强度、厚度、平整度、喷层与围岩接触情况等进行检测。

4.3 锚杆施工

4.3.1 工艺要求

1 锚杆孔位、孔径、孔深及布置形式应满足设计要求，钻孔位置应标记明确。

2 系统锚杆应沿隧道轮廓线径向布置，局部锚杆应与岩层层面或主要结构面成大角度相交，钻孔施工宜采用锚杆台车或凿岩台车。

3 钻孔深度应满足设计要求，锚杆插入孔内长度不短于设计长度的 95%，当需做锚杆拔力检测时，外露长度应满足操作需要。

4 非自进式锚杆安装前，应采用高压风清孔，并检查钻孔深度。

5 锚杆应成套配置，包含锚杆、止浆塞、垫板和螺母等配件。

6 锚杆安装可在初喷或复喷后进行，复喷后安装的锚杆露头，应在防水层安设前割除多余部分后再复喷或抹砂浆覆盖，或采用专用锚杆头防护罩覆盖（图 4-2）。

7 锚杆砂浆应拌和均匀、随拌随用，已初凝的砂浆不得使用。

8 锚杆注浆应采用专用注浆机，注浆压力应结合现场实际确定，拱部锚杆注浆压力应适当提高。

图 4-2 采用专用锚杆头防护罩覆盖锚杆头

9 应采用锚杆机安装药卷锚杆，药卷应完全绞碎、拌和均匀，推荐采用树脂类药卷。

10 砂浆锚杆应先灌浆后再插入锚杆。

11 锚杆垫板应与喷射混凝土层密贴，锚杆砂浆凝固前不得加力。

4.3.2 管理要求

1 应逐孔检查孔深、孔径、孔位，逐根检查锚杆杆体直径、长度和端头加工情况。

2 应逐根检查锚杆垫板与喷层的密贴度，以及锚杆外露长度。

3 应核实锚杆数量并进行影像记录。

4 进行拔力检测的锚杆数量应不少于总数的1%，且每批次不少于3根；进行长度及锚固密实度检测的锚杆数量应不少于总数的10%。

4.4 钢筋网施工

4.4.1 工艺要求

1 钢筋网应在初喷后随受喷面起伏铺设，与初喷面的最大间隙不宜大于50mm。

2 采用双层钢筋网时，两层钢筋网间距应满足设计要求，第二层钢筋网应在第一层钢筋网被喷射混凝土全部覆盖后铺设。

3 钢筋网钢筋每节长度不宜小于2.0m，钢筋搭接长度不应小于30倍钢筋直径。

4 钢筋网应固定牢固，可与锚杆、钢架连接牢固。

4.4.2 管理要求

1 应每批次检查钢筋网格间距、钢筋网钢筋搭接情况。

2 应对钢筋网起止桩号、连接形式等进行影像记录。

4.5 钢架施工

4.5.1 工艺要求

1 每种类型的钢架生产时，首榀钢架应进行试拼装，合格后，方可批量生产。
2 采用两台阶法或全断面法施工的隧道宜采用拱架安装台车。
3 钢架应分节段制作，节段长度宜与开挖方式相适应，每节段钢架应有安装位置编号，节段间宜采用钢板连接。
4 连接钢板的螺栓孔宜采用等离子切割机或钢板冲孔机等方式成孔。
5 型钢钢架应采用冷弯制作，格栅钢架应采用胎架制作，型钢与连接钢板焊接时，也应采用胎架定位。
6 钢架安设前，应测量放样，并在架立处拱顶、两边墙位置标记；安设时，可利用定位卡具做好定位措施。钢架定位如图 4-3 所示

图 4-3　钢架定位

7 钢架安装应贴近初喷面，钢架和围岩初喷面之间有间隙时，应采用楔块楔紧，有多个楔块时，楔块间距不宜大于 2m。钢架间隙楔块如图 4-4 所示。

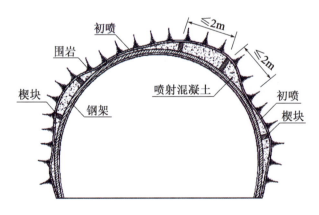

图 4-4　钢架与初喷面间隙楔块

8 钢架应架设在稳固的地基上，不应有积水浸泡；围岩软弱时，可设置扩大承压面的钢板。钢架承压板如图 4-5 所示。钢架拱脚悬空时，可设置水泥垫块。

9 锁脚锚杆或锚管应及时施作并与钢架连接牢固,打设高度、角度应符合规范或设计要求;采用锚管时,管内应注满砂浆。

10 相邻两榀钢架之间应设置纵向连接构件,连接构件可采用钢筋或型钢。

11 型钢钢架与连接钢板焊接应采用双面焊,并应增加三角钢板角焊,同时满足现行《钢结构焊接规范》(GB 50661)的要求。三角钢板角焊如图4-6所示。

图4-5 钢架承压板

图4-6 三角钢板角焊

格栅钢架主筋端头与连接板焊接时,除主筋端头与钢板焊接外,应采用U形钢筋帮焊,每块连接钢板的U形钢筋数量应不少于2个。U形钢筋直径应不小于主筋直径。

12 U形钢筋应同时与主筋和连接钢板焊接。U形钢筋与主筋的焊接长度不应小于150mm。

4.5.2 管理要求

1 应在安装段围岩已完成初喷后方可进行钢架安装。

2 钢架型号、规格、几何尺寸应满足设计要求且无变形、锈蚀、破损。

3 钢架应垂直于隧道中线在竖直方向安装,竖向不得倾斜,平面不得错位、扭曲;上、下、左、右允许偏差为±50mm,钢架倾斜度允许偏差为±2°。

4 纵向连接筋的环向间距不应大于1m。

5 应对钢架安设起止桩号、类型、间距及数量等进行影像记录。

4.6 技术提升

4.6.1 工厂化生产和仓储式管理

1 工艺概述

工厂化生产(图4-7)是综合利用先进设备、先进技术和管理方法,对隧道施工所需要的各类原材料和构件进行的机械化、自动化的密集型生产。

仓储式管理(图4-8)是将工厂化生产的成品交由场地、人员、管理等方面组建的管理配送点,由其负责成品的供应,仓储式管理侧重于成品的统一性、批量性和可溯源性。

图 4-7　工厂化生产

图 4-8　仓储式管理

工厂化生产和仓储式管理范例见附录 F。

2　提升效果

1）提高材料和构件的成品质量；

2）提高作业效率、作业质量、减少浪费；

3）提升作业环境品质，减少无效劳动。

4.6.2　拱架安装台车

1　装备概述

隧道拱架安装台车是辅助隧道钢架安装的设备，分为两种，一种是采用车载式机械臂拱架安装台车，另一种是通过在普通作业台架上加装拱架移动与顶升装置，辅助进行拱架安装的台车。拱架安装台车范例见附录 G。拱架安装台车如图 4-9 所示。

2　提升效果

1）降低人工架设钢架的劳动强度，改善作业环境；

2）减少钢架分段数量，提高钢架整体性及安装精度和质量；

3）可兼作网片和锚杆安装、装药、检测、排险等平台；

4）避免围岩和拱架掉落风险，保证施工人员安全。

图 4-9　拱架安装台车

3　适用条件

1) 全断面及两台阶大断面隧道施工。

4.6.3　湿喷机械手施工

1　装备概述

隧道湿喷机械手是通过喷射机将混凝土泵送到喷头，与计算机自动配比掺量控制的液体速凝剂进行混合，利用高压空气进行遥控作业的喷射机械，从施工质量、施工效率、回弹量、作业环境等方面进行改进，实现了喷射混凝土施工的机械化。湿喷机械手范例见附录H。湿喷机械手如图 4-10 所示。

图 4-10　湿喷机械手

2　提升效果

1) 实现喷射混凝土施工的机械化，提高施工效率；
2) 降低人工或小型机械设备喷射混凝土的劳动强度、改善作业环境；
3) 控制水灰比，减少回弹率，提高施工质量；
4) 避免喷射混凝土的扰动所引起落石伤人和喷射回弹料溅起伤人的风险。

5 二次衬砌

5.1 一般规定

5.1.1 模板台车设计时，应满足混凝土浇筑过程中的强度、刚度和稳定性要求。

5.1.2 隧道衬砌中线、高程应满足设计要求，施工误差不得导致衬砌结构厚度减薄、侵入隧道设计内轮廓线。

5.1.3 隧道衬砌施工应结合超前地质预报和现场监控量测结果，与设计配合，对支护结构和开挖、支护方式进行合理调整。

5.1.4 施工过程中，应对二次衬砌厚度、钢筋间距、保护层厚度、空洞密实情况、混凝土强度、防水板气密性等进行检测。

5.1.5 隧道防排水措施应遵循"防、排、截、堵相结合，因地制宜、综合治理、生态环保"的原则。

5.2 二次衬砌基本要求

5.2.1 设备要求

1 应采用全断面衬砌模板台车施工，加宽段、车行及人行横通道宜采用全断面衬砌模板台车。
2 台车应配置附着式振捣器。
3 台车模板应下延至边墙脚仰拱顶面。
4 台车使用前应清洁干净，并均匀涂刷脱模剂。
5 台车应配置闭锁装置和稳定支撑装置。
6 施工缝端头模板应采用可固定止水带的合（折）页式钢端模。
7 台车每使用200m或二次衬砌混凝土存在因模板原因引起的外观质量问题时，应对其平整度、拼缝和连接杆件及其稳定性进行检查校验。

5.2.2 工艺要求

1 模筑混凝土衬砌

1）二次衬砌受力钢筋宜采用机械连接。采用焊接时，单面焊接搭接长度不小于 $10d$（d 为钢筋直径），双面焊接搭接长度不小于 $5d$；采用绑扎连接时，HPB 级钢搭接长度不小于 $35d$，HRB 级钢搭接长度不小于 $30d$。同一截面钢筋接头率不超过 50%。衬砌钢筋机械连接如图 5-1 所示。

图 5-1 衬砌钢筋机械连接

2）拱墙及仰拱钢筋安装应采取定位措施，内外侧受力筋之间应设限位筋。

3）钢筋安装应设置保护层垫块，宜采用穿心式垫块。

4）仰拱与边墙连接部位的仰拱预留钢筋伸出长度应满足连接要求。

5）边墙底不应有杂物并清理干净；有仰拱地段，仰拱顶部应凿毛。

6）混凝土应采用集中拌和、罐装运输、泵送入模。

7）混凝土出料口距浇筑面的垂直距离不应大于 2.2m。

8）混凝土应从两侧边墙向拱顶、由下向上依次分层对称浇筑，两侧混凝土浇筑面高差不应大于 1.0m，同一侧混凝土浇筑面高差不应大于 0.5m。

9）推荐采用自密实混凝土。

10）混凝土应连续浇筑，并应人工辅助振捣。

11）拱顶混凝土浇筑时，应配置检查装置，确认灌注密实情况。

12）洞口段或衬砌基底围岩明显软硬不均时，应按设计要求，严格设置沉降缝。

13）二次衬砌施工缝、仰拱施工缝、电缆沟（人行道）沟壁施工缝应尽可能重合设置。

14）采用硅酸盐水泥、普通硅酸盐水泥或矿渣硅酸盐水泥拌制的混凝土养护时间不得少于 7d，有抗渗要求的混凝土养护时间不得少于 14d。

15）不承受外荷载的二次衬砌强度应达到 5MPa，围岩和初期支护变形稳定或塌方段落的二次衬砌强度应达到设计强度后，方可拆除模板。

2 防排水

1）防水层铺挂前，必须对内轮廓进行检测，宜采用激光断面仪或激光三维扫描仪。激光三维扫描仪如图 5-2 所示。

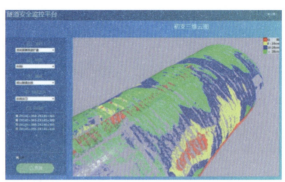

图 5-2　激光三维扫描仪

2）土工布铺设前，初期支护表面平整度应满足 $D/L \leqslant 1/6$。D 为初期支护表面相邻两凸面间凹进去深度；L 为初期支护表面相邻两凸面间距离。

3）防水板铺设应以"下压上"方式进行搭接。

4）混凝土浇筑时，应避免混凝土直接冲击防水板，可在混凝土输送泵口设置挡板。

5）应避免振捣器与防水板直接接触。

6）防水板铺设前，应为铺挂范围内仰拱出露钢筋头佩戴防护帽。

7）防水层应环向整幅铺设，拱部和边墙应无纵向搭接，可采用专用铺挂台车。

8）排水管应固定牢固，位置准确，并加强保护。

3　仰拱衬砌、仰拱回填

1）应先清除隧底虚渣、杂物、淤泥，抽干积水，后开展仰拱施工。

2）清渣后应先对隧底进行初喷，初喷厚度宜控制在 20~50mm。

3）仰拱钢架节段间和横向连接应与拱墙钢架连接要求相同。

4）仰拱的初期支护、二次衬砌、填充等工序应分阶段实施，每个工序均应整幅同时实施。

5）仰拱二次衬砌应使用模板一次浇筑，可采用仰拱移动模架设备。

6）在渗水量较大地段，应用篷布覆盖仰拱混凝土，并做好排水措施。

7）仰拱初期支护横向施工缝与仰拱二次衬砌横向施工缝宜错开设置，距离不宜小于 1 榀钢架间距；仰拱二次衬砌横向施工缝与填充混凝土横向施工缝宜错开设置，距离不宜小于 0.5m。

8）隧底超挖时，可采用强度等级不低于 C15 混凝土或 C20 喷射混凝土回填，回填后应再次检查断面形状、尺寸。

5.2.3　管理要求

1　模板台车应满足强度、刚度、平整度和稳定性要求，进场时应组织专项验收。

2　应根据监控量测反馈信息，确定二次衬砌施作时机，Ⅱ级、Ⅲ级、Ⅳ级围岩在初期支护变形基本稳定后,方可施作二次衬砌。

3 施工管理人员应全过程监督并评估混凝土搅拌站的连续供应能力、运输能力、泵送能力、工人熟练程度等,监理工程师应增加对上述环节的巡查频次。

4 二次衬砌脱模后在每组衬砌表面喷涂实名制铭牌。现场实名制铭牌见表5-1。

现场实名制铭牌　　　　　　　　　　　表 5-1

工　序	工　班　长	值班技术员	现 场 监 理
防排水工程			
钢筋工程			
混凝土浇筑			
里程桩号：_____		时间：_____	

5 仰拱填充和垫层混凝土强度达到100%设计强度后,方可允许运渣车辆直接从上方通行。

6 防水板、土工布、止水条、塑料排水管严禁堆放在隧道内,储藏位置严禁烟火,并明确管理人员。

5.3 混凝土不密实控制

5.3.1 工艺要求

1 钢模板表面应采用抛光机进行打磨,并除锈涂脱模剂。
2 混凝土浇筑应按照逐窗、多窗分层浇筑,严禁从拱顶"一灌到底"。
3 边墙振捣应以插入式为主,附着式为辅,仰拱振捣应采用插入式振捣。
4 严格控制混凝土振捣工艺,同时应特别注意曲墙反弧部位的提浆排气振捣。

5.3.2 管理要求

1 应严格管控并记录混凝土浇筑和振捣顺序。
2 发现混凝土不密实现象时,应及时查找原因,并找到合理解决办法。

5.4 脱空控制

5.4.1 工艺要求

1 模板台车拱顶预留注浆孔,注浆孔间距应不大于3m,且每模应不少于4个。
2 拱顶注浆孔插入十字注浆管(兼作排气管和观察管)并与防水层紧密接触,待管口流浆,停止泵送,也可采用电感式检测或视频监测等。
3 一般情况,拱顶混凝土应从靠近上一模衬砌注浆口逐孔浇筑;当为下坡隧道时,台车后浇段与现浇段接缝处宜设置排气溢浆孔。

4 二次衬砌混凝土浇筑完成后至混凝土终凝前，应通过预留注浆管注入与结构同等强度的微膨胀砂浆，直至排气孔和端头模板流出浓浆为止。

5 因超挖过多、塌穴、溶洞而形成的空洞，应采用回填等方式处理。

5.4.2 管理要求

1 防水层的松铺系数应满足要求，固定点间距和数量应满足设计和规范要求，并核查空气夹层或防水板富余现象。

2 混凝土浇筑前应根据断面量测结果预估实际所需方量，并提交监理审核。

3 在封顶最后一车混凝土后，应确认混凝土浇筑数量，并与预估量进行对比。

5.5 厚度控制

5.5.1 工艺要求

1 台车模板外径扩大量，应考虑预留沉降量及混凝土荷载。

2 防水层铺挂前，应分别检测净空断面尺寸，可采用断面仪或激光三维扫描仪。净空断面检测如图 5-3 所示。

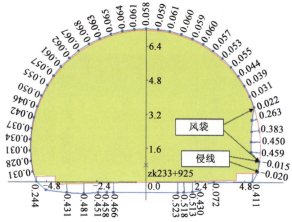

图 5-3 净空断面检测

3 衬砌台车定位后，每模端头沿模板弧线不大于 2m 间距检查一个点（两侧拱脚必须检测），台车每振捣窗检查一个点，90% 的检查点厚度应大于或等于设计厚度；最小厚度应大于或等于 0.5 倍设计厚度。衬砌混凝土厚度检查如图 5-4 所示。

4 预留洞室宜采用定型钢模，模板应固定牢固。

5.5.2 管理要求

1 应对喷射混凝土表面平整度等进行影像记录。

2 混凝土浇筑前，应对台车、模板加固情况进行核查。

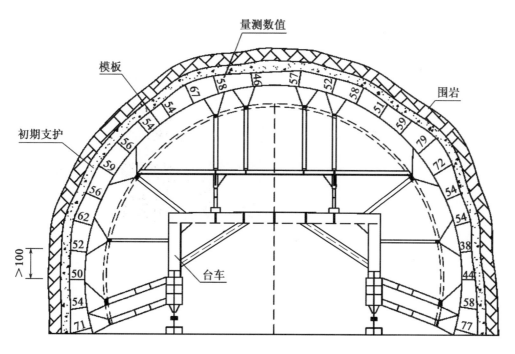

图 5-4 衬砌混凝土厚度检查

5.6 防水层铺挂

5.6.1 工艺要求

1 防水板应采用自动热熔爬焊机进行双缝或三缝焊接，细部处理或修补可采用手持焊枪，推荐采用电磁焊工艺。

2 锚杆杆头喷射混凝土面应平顺，出现鼓包应凿除并用砂浆抹平，出现凹坑应用砂浆敷平。

3 土工布和防水板铺设应平顺并与基面密贴，无隆起、无褶皱，土工布搭接宽度不小于5cm，防水板搭接宽度不小于10cm。

4 防水板修补补丁不应过小，宜剪成类圆形，焊缝距离破损边沿不小于5cm，且焊缝宽度不小于2cm。

5 防水板铺设不平整时应增加该位置固定点数量。

6 钢筋焊接作业时，钢筋与防水板间应采用阻燃材料进行隔离。阻燃材料保护如图5-5所示。

7 断面变化或转弯处的阴角应用砂浆抹成圆弧，半径不小于50mm。

5.6.2 管理要求

1 土工布铺设前，应检查并确保喷射混凝土基面外露锚杆头、钢筋头等尖硬物已处理，并进行影像记录。

2 防水板焊接后应进行充气检查。

图 5-5 阻燃材料保护

5.7 止水带安装

5.7.1 工艺要求

1 中埋式止水带中部应与变形缝中心线重合，可采用折页式端头模板。

2 止水带底端应有一定的富余，并将富余段平铺在填充混凝土上。

3 止水带应平直，预埋段和外露段应均匀对称。

4 止水带应避免接头，如确需接头，止水带接头必须粘接良好，接头处应选在衬砌结构应力较小处；采用热硫化粘接时，搭接长度不得小于10cm，采用冷接法时，搭接长度不得小于20cm。

5 止水带附近的混凝土振捣应采用人工补充振捣并控制振捣冲击力。

6 严禁在止水带上穿孔打洞，不得损坏止水带本体部分。

5.7.2 管理要求

1 应对止水条和止水带安设状况进行影像记录。

5.8 技术提升

5.8.1 钢筋定位绑扎工艺

1 工艺概述

对现有钢筋绑扎台车进行简单改造，增加可调节长度的支撑杆，即可实现二次衬砌钢筋精确定位绑扎。钢筋定位绑扎台车实例如图5-6所示。

2 提升效果

1）实现钢筋精确定位；

2）定量化、标准化施工，保证验收合格率；

3）节省二次衬砌钢筋安装时间，节约人力资源，降低工程成本。

图 5-6　钢筋定位绑扎台车实例

5.8.2　分层逐窗浇筑系统

1　工艺概述

通过布料小车与输送管路系统结合，组成二次衬砌边墙混凝土分层逐窗浇筑系统，使混凝土流向各级工作窗口，实现二次衬砌边墙混凝土的分层逐窗入模。分层逐窗浇筑系统范例见附录 I。分层逐窗浇筑系统如图 5-7 所示。

图 5-7　分层逐窗浇筑系统

2　提升效果

1）避免混凝土离析、"人"字坡冷缝、衬砌表面质量差等常见质量问题；
2）减少拆管、换管的程序，实现混凝土连续浇筑，提高浇筑施工效率；
3）定量化、标准化施工，提升边墙混凝土实体质量和外观质量；
4）节约人力资源，降低人工成本。

3　适用条件

1）采用全断面衬砌模板台车衬砌段。

5.8.3　带模注浆工艺

1　工艺概述

在衬砌台车模板中心线位置沿台车纵向设置一定数量的注浆孔，注浆孔间距不大于

3m,并安装注浆用固定突缘。浇筑拱部混凝土前,在注浆孔处预先插入带十字槽口的注浆管(拱顶排气、观察管)到防水层位置,然后通过台车拱部窗口浇筑拱部衬砌混凝土。待注浆管出现流浆时,停止拱部混凝土浇筑,然后再通过注浆管对拱部混凝土与防水层之间仍然存在的少量间隙注入与衬砌混凝土等同强度的水泥净浆或砂浆,确保拱部衬砌背后没有空洞。带模注浆工艺图解如图5-8所示。

a)拱顶处注浆孔

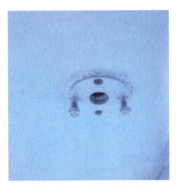
b)注浆孔口处安设固定突缘

c)带十字槽口注浆管

d)插入注浆管至防水层

e)泵拱部混凝土至注浆管流浆

f)通过注浆管注浆

图5-8 带模注浆工艺图解

2 提升效果

1)解决拱部混凝土灌注不饱满所形成的空洞和厚度不足的问题;
2)减少后续注浆搭架、施工干扰等问题;
3)可防止注浆加压所引起的衬砌结构损坏;
4)在衬砌混凝土未终凝前注浆,确保了衬砌整体性。

3 适用条件

1)采用全断面衬砌模板台车的衬砌段。

5.8.4 喷雾养护工艺

1 工艺概述

喷雾养护是将水雾化后喷洒于衬砌表面,对二次衬砌进行养护的方式。可采用密封式恒温恒湿养护台车、喷淋养护台车等实现,也可采用喷雾水炮,喷雾水炮同时也可用于隧道洒水降尘。恒温恒湿喷雾养护工艺范例见附录J。二次衬砌养护台车如图5-9所示。

图 5-9　二次衬砌养护台车

2　提升效果

1）解决混凝土养护缺失引起的早期强度不足开裂和混凝土表面干缩龟裂等问题；

2）施工操作简便、节省人力，养护效率高；

3）降低人工作业劳动强度。

5.8.5　自密实混凝土

1　工艺概述

自密实混凝土采用较低的水胶比和较大掺量的矿物掺合料，依靠自重或少许振捣便能密实填充，施工时噪声小，工人劳动强度低。

2　效果提升

1）减少劳动力成本，加快施工进度、保证工程质量；

2）在钢筋密集、结构复杂区减少常规振捣；

3）消除施工现场混凝土振捣噪声，避免振捣不密实带来的质量隐患；

4）定量化、标准化施工，提升衬砌边墙混凝土浇筑的实体质量。

5.8.6　防水层铺挂台车

1　装备概述

防水层铺挂台车依靠铺展系统将无纺布或防水层自动提升、压紧在初期支护内表面，并采用台车自带激光指示装置，自动定位无纺布固定点位置，人工仅从事无纺布固定和防水板焊接。防水层铺挂台车范例见附录 K。防水层铺挂台车如图 5-10 所示。

2　提升效果

1）实现防水板铺挂自动化、标准化，降低工程成本；

2）降低施工安全隐患；

3）减少人为因素的干扰，提高土工布、防水板的施工质量。

图 5-10　防水层铺挂台车

5.8.7　合（折）页式钢端模

1　装备概述

由若干组合钢模板拼接而成，内外圈面板之间通过铰接连接，内外圈面板之间预留中埋式止水带安放间隙，对中埋式止水带产生夹紧和固定作用，确保中埋式止水预埋位置准确。合（折）页式端头模板如图 5-11 所示。

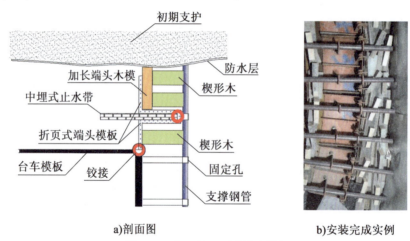

a)剖面图　　　　　　　　　　　b)安装完成实例

图 5-11　合（折）页式端头模板

2　提升效果

1）结构整体简单，操作灵活；

2）提高止水带的定位准确度，保证止水带的施工质量；

3）防止施工缝处的混凝土振捣引起跑模、漏浆的问题。

3　适用条件

1）设中埋式止水带的衬砌段。

5.8.8　仰拱液压栈桥模架

1　装备概述

仰拱液压栈桥模架由仰拱液压栈桥、模板系统组成，其中仰拱液压栈桥由桥体系统、行走系统、底盘系统、液压系统等构成，模板体系由模板系统（含中心水沟模板）、支撑系统、脱模系统、行走系统等构成。仰拱栈桥模架一体机范例见附录 L。仰拱栈桥模架一体机如图 5-12 所示。

图 5-12　仰拱栈桥模架一体机

2　提升效果

1）为施工环节提供简单便利、安全有效的施工条件；

2）提升仰拱衬砌施工工效，简化施工工序，降低施工成本；

3）加快仰拱施工设备的周转效率，实现仰拱施工标准化、机械化；

4）避免开挖面与仰拱施工的相互干扰；

5）解决仰拱衬砌定位不准确、成品外观线形不顺畅等问题。

3　适用条件

1）Ⅳ级围岩有仰拱段落。

5.8.9　液压水沟电缆槽台车

1　装备概述

台车主要由桁架支撑系统、走行系统、液压系统、模板系统等组成，实现水沟电缆槽整体一次成型。液压水沟电缆槽台车范例见附录 M。轨行式液压水沟电缆槽台车如图 5-13 所示。

图 5-13　轨行式液压水沟电缆槽台车

2　提升效果

1）减少工序，降低操作难度，提高工作效率；

2）缩短施工时间，降低工人的劳动强度；
3）一次成型，提升实体和观感质量；
4）实现水沟电缆槽施工标准化、机械化。

3　适用条件

1）隧道直线段。

6 超前地质预报

6.1 一般规定

6.1.1 隧道施工应进行超前地质预报（以下简称地质预报），并纳入工序管理。

6.1.2 超前地质预报应遵循洞外调查与洞内探测分析相结合、地质与物探相结合的原则；结合隧道地质复杂程度，考虑采用长、中、短探测距离相结合、不同物探方法相配合的方法。

6.1.3 地质预报工作应由具备相关资质和能力的第三方检测机构承担。

6.1.4 隧道超前地质预报应针对不同地质问题，选择不同的方法和手段。

6.1.5 监测、施工、监理、设计、超前预报等单位应紧密配合，分析地质预报信息，确认或修正设计参数或施工方法。

6.1.6 富水构造破碎带、富水岩溶发育地段、煤系或油气地层、瓦斯发育区、采空区以及重大物探异常地段和水下隧道应采用超前钻探法；超前钻探法应结合地质调查和物探成果综合预报。

6.2 超前地质预报基本要求

1 地质预报内容应包括地层岩性、地质构造、不良地质、地下水状况及围岩级别建议等。
2 应根据相关规范、设计文件和建设单位需求，编制超前地质预报方案。
3 地质预报的频率应满足《公路隧道施工技术规范》（JTG/T 3660—2020）的要求。
4 应将实际开挖与预报结果进行对比、总结，指导和改进地质预报。
5 地质预报（分期）报告应包括掌子面地质情况、工作参数、探测结果、结论及建议、有关成果图表，结果应对围岩岩性、含水情况、破碎情况及不良地质体进行描述等。超前地质预报（分期）报告格式参见附录 N。

6 预报结论应包括不良地质预警，不良地质预警内容宜包括涌水突泥、断层破碎带、岩溶和软弱地层，有条件时，也可对高地应力和瓦斯地层进行预警；预警分级宜按表 6-1 执行。

隧道不良地质预警分级　　　　　　　　　　　　　　　　　　　　表 6-1

等级	颜色	颜色图标	可能性描述	对应风险	应对措施
Ⅲ	—	—	可能性小	较小	不预警，正常施工
Ⅱ	黄色		有一定可能性	一般	加强观察，必要时采取相应工程措施
Ⅰ	红色		可能性大	重大	暂停施工，采取相应工程措施

7 隧道贯通后应编写隧道超前地质预报最终成果报告，包括：概况、预报（编制）依据、方法原理及仪器设备、数据采集、（分期）成果报告主要内容、中间预报结果与开挖验证情况、施工过程中遇到的重大工程地质问题及处理情况、运营中应注意的事项、附图和附件等。

8 区域地质条件复杂的隧道，应以钻探法为主并结合地质调查法、物探法等多种预测预报方法。

9 超前地质预报应根据预报应用范围（表 6-2）、隧道地质复杂程度，按表 6-3 选择预报方法。

预报方法应用范围　　　　　　　　　　　　　　　　　　　　　表 6-2

预报方法	不良地质及地质灾害					
	涌水突泥	断层破碎带	岩溶及采空区	软弱地层	高地应力	瓦斯地层
地质调查法	●	●	●	●	●	●
超前钻探法	●	●	●	●	○	●
地震反射波法	○	●	●	●	—	○
地震层析成像法	○	●	●	●	—	○
地质雷达法	●	●	●	○	—	○
大功率电测深法	●	●	●	○	—	○
瞬变电磁法	●	○	○	○	—	○
钻孔物探	●	●	●	●	—	○
超前导洞法	○	○	○	○	○	○

注：●主要方法；○辅助方法；—不适用。

预报方法选择　　　　　　　　　　　　　　　　　　　　　　表 6-3

隧道地质条件	应采用的预报方法
简单或一般，且为Ⅰ～Ⅲ级围岩段	地质调查法+地震波法（或地质雷达法、瞬变电磁法、激发极化法等）
较复杂；Ⅳ～Ⅴ级围岩段	地质调查法+地震波法+地质雷达法（或瞬变电磁法、激发极化法等）
复杂；重大物探异常区	地质调查法+地震波法+地质雷达法（或瞬变电磁法、激发极化法等）+超前钻探法

10 对地质复杂且埋深大于 300m 的隧道，可选用大功率电测深法、大地电磁测深法等物探方法进行地面探测预报，宏观预报预测不良地质段。

11 富水区隧道发现岩壁松软、掉块或孔中的水压、水量突然增大以及有顶钻等异常时，应停止钻进。当情况危急时，应立即撤出人员。

12 地质预报异常时，应及时通知业主单位和施工单位，并采取其他预报手段查明、验证。

6.3 断层的预报

1 应探明断层的性质、产状、富水情况、在隧道中的分布位置、断层破碎带的规模、物质组成等，并分析其对隧道的危害程度。

2 应以地质调查法为基础，以弹性波反射探测为主，必要时采用红外探测、高分辨直流电法探测断层带地下水的发育情况及超前钻探法验证。

3 当接近较大规模的断层时，可通过地表补充地质调查、洞内地质调查、地表与地下构造相关性分析、断层趋势分析等手段预报断层的分布。

4 断层为面状结构面，可采用超前钻探法预报其位置、宽度、物质组成及地下水发育情况等。

6.4 岩溶的预报

1 应收集、分析、利用已有地质资料，辅以调绘，查明工程地质与水文地质。

2 应探明岩溶的分布位置、规模、充填情况及岩溶水的发育情况。

3 有条件的，可进行地表大功率电测深法、瞬变电磁法等进行地表岩溶探测。

4 岩溶发育区应进行加深炮孔探测，必要时进行超前钻探，揭示岩溶后，可采用地质雷达、瞬变电磁法、激发极化法等物探手段进行中、短距离探测。

6.5 水害的预报

1 涌水、突泥预报应以地质调查法为基础，以超前钻探法为主，结合多种物探手段进行综合超前地质预报。

2 在可能发生涌水、突泥的地段必须进行超前钻探，并设防突装置；穿越煤系地层、金属和非金属矿区中的采空区时，应查明其与隧道的空间关系。

3 隧道涌水、突泥预报应结合探水钻孔探明可能发生涌水、突泥地段的位置、规模、物质组成、水量、水压等。

4 反坡施工地段处于富水区时，应制定钻孔突涌水处治方案。

6.6 煤层瓦斯预报

1 应探明煤层分布位置、煤层厚度，测定瓦斯含量、瓦斯压力、涌出量、瓦斯放散初速度、煤的坚固性系数等。

2 应以地质调查法为基础，以超前钻探法为主，结合多种物探手段进行综合超前地质预报。

3 物探手段应以预报瓦斯富集构造为主，并采用防爆仪器。

4 出现煤与瓦斯突出前兆，应立即报警，停止工作，撤出人员，切断电源，并上报有关部门。

5 煤系地层、压煤地段及瓦斯地层，应加强瓦斯检测，瓦斯浓度超标时，应立即采取措施并上报。

6 在煤（岩）与瓦斯突出地段，应执行《公路瓦斯隧道设计与施工技术规范》（JTG/T 3374—2020）的规定。

6.7 技术提升

6.7.1 超前预报信息化系统

1 系统概述

隧道超前预报信息化系统由总体概况统计模块、地质勘察模块、超前地质预报模块、质量检测模块构成。信息系统以数据处理与存储管理平台为中心，包括移动数据采集与传输端、信息管理平台和客户端辅助应用程序。移动端数据采集后实时传输至服务器（避免人为干扰以保证数据真实可靠性），架设在云上的服务器应用程序对原始数据进行分析处理后分类存储至云平台。客户端主要面向各实际标段负责技术人员，并与服务器的工程相关属性信息进行交互。超前预报信息化系统如图6-1所示。

图 6-1

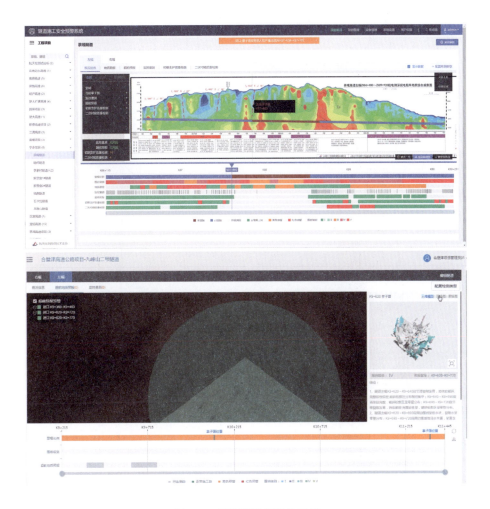

图 6-1 超前预报信息化系统

2 提升效果

1）保障隧道超前预报数据的及时性、可靠性和真实性；

2）实现超前预报信息的动态更新，为隧道的动态设计、动态施工提供支持；

3）方便参建各方查看超前预报的成果；

4）形成预报成果数据库，为分析、总结提供便利。

6.7.2 大功率电测深法技术

1 技术概述

对深埋隧道或区域地质复杂隧道进行地面宏观探测预报，查明隧址区不良地质构造，探测地下介质分布情况，宏观预报预测不良地质段。该方法是在地表沿隧道轴线布置测点，通过大功率供电、逐次扩大供电极距，得到观测点垂直方向由浅到深的地层电性变化，并依据地下电阻率差异来探测地质信息的直流电法勘探方法。富水及岩溶预报如图 6-2 所示，断层预报如图 6-3 所示。

2 提升效果

1）提高了探测深度，最大探测深度由 200m 提高到了 700m；

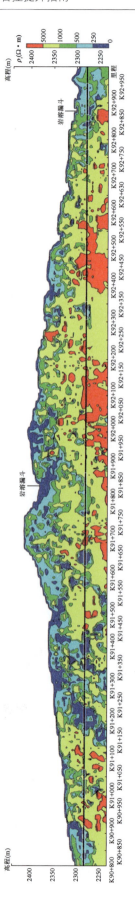

图6-2 富水及岩溶预报

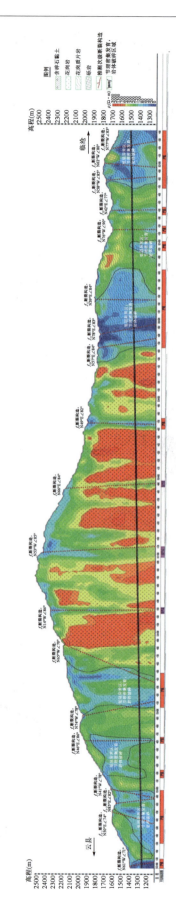

图6-3 断层预报

2）提高了抗地形干扰能力，提高探测精度；
3）快速查明深埋隧道沿线不良地质分布。

3　适用条件

1）埋深大于300m的地质复杂隧道，且地表探测条件允许；
2）主要针对断层破碎带、岩溶及采空区、富水构造等进行地质宏观勘探预报。

6.7.3　隧道超前预报三维成像技术

1　技术概述

超前预报三维成像技术包含地震波法隧道三维超前预报技术、地质雷达三维超前预报技术。地震波法隧道三维超前预报技术利用地震波反射和散射原理，通过空间布置观测系统采集信号、层析成像，探测隧道掌子面前方及周边一定范围内地层岩性界面、地质构造、不良地质体等地质信息的一种三维超前地质预报方法。三维地质雷达法利用地质雷达屏蔽天线具有聚焦方向的特点，通过控制天线方向空间采集信号、三维建模反演，探测隧道掌子面前方及周边一定范围内水文地质情况的一种三维超前地质预报方法。三维超前预报技术如图6-4所示。

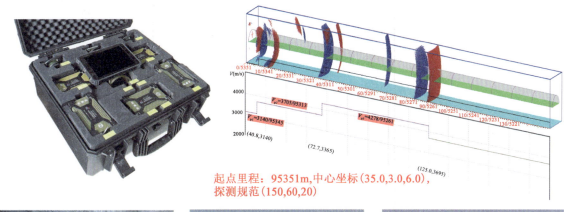

 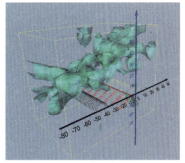 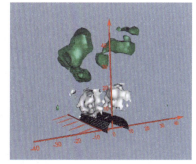

图6-4　三维超前预报技术

2　提升效果

1）地震波法隧道三维超前预报，可实现掌子面前方150m、周边50m范围地质情况三维成像；

2）地质雷达法隧道三维超前预报，可实现掌子面前方及周边30m范围地质情况三维成像；

3）将传统超前预报方法由二维提升到三维，直观显示隧道前方及周边不良地质三维分布状况，降低了不良地质的漏报误报，提高预报精度。

3　适用条件

1）地震反射波法适用于长距离、中距离预报。该方法主要适用于断层破碎带、岩溶及采空区、软弱地层的预报。

2）地质雷达法适用于中距离、短距离预报。该方法主要适用于富水构造、断层破碎带、岩溶及采空区的预报。

3）瞬变电磁法适用于中距离预报，该方法主要适用于富水构造的预报。

7 监控量测

7.1 一般规定

7.1.1 隧道施工必须进行监控量测（以下简称监测工作），并纳入施工工序管理。

7.1.2 应根据设计要求，结合隧道规模、地形地质条件、施工方法、支护类型和参数、工期安排等编制监控量测方案，且监控量测方案及变更应按项目管理程序审批后实施。

7.1.3 应按监测方案并结合开挖、支护的进程进行，并根据现场实际情况及时调整，量测数据应及时分析、处理和反馈。

7.1.4 监控量测人员宜具有相关检测资质能力，掌握现场测试、数据处理与分析技术。

7.1.5 应结合项目特点，推广采用信息化、智能化监测技术。

7.1.6 应根据项目特点及测试精度要求选用监测仪器。

7.1.7 监控量测资料应整理归档，并纳入竣工文件。

7.2 监控量测基本要求

1 监测点应根据隧道的特点（断面大小，地质条件，变形情况等）进行布设。布设原则如下：
 1）洞口、洞身浅埋段以及地质条件复杂段落，监测断面适当加密；
 2）施工方法出现变化时，应在变化里程前后布置1~2个监测断面；
 3）选测项目监测断面宜与必测项目布置在同一断面。
2 测点应及时埋设并确定初始值，初始值的读取应在测点埋设稳定后，至少独立进行3次观测，并取其稳定值的平均值作为初始值。

3 量测频率应满足《公路隧道施工技术规范》（JTG/T 3660—2020）的要求。

4 测点应牢固可靠，易于识别。施工过程中，应做好测点和传感器的保护工作。

5 应建立洞内外观察制度，洞内观察重点为开挖工作面和已支护段落；洞外观察重点为洞口段、岩溶发育段和洞身浅埋段。

6 洞外观察应包括地表开裂、地表沉陷、边坡和仰坡稳定状态、地表水渗透情况、地表植被变化等。

7 必测项目宜布置在同一断面，其量测间距和测点数量应根据隧道埋深、围岩级别、断面大小、开挖方法、支护形式等确定。

8 选测项目宜与必测项目布置在同一断面，便于数据汇总和统一分析。

9 特殊工程地质段落（黄土、软岩大变形、岩溶、断层破碎带、大变形等），应结合现场实际情况，及时调整监测断面位置、测点、频率。

10 监控量测作业应避免与爆破、排险、出渣、喷浆等工序交叉作业。

11 应建立数据复核、审查制度，如有数据缺失或异常，应采取补救措施，并做详细记录。

12 监测传感器应进行稳定性检验，检验记录资料应齐全，存放环境要适宜。

7.3 技术提升

7.3.1 非接触式量测技术——全站仪

1 技术概述

全站仪通过发射光束至目标点，经目标点反射后由光感元件接收，通过计算光程走时并结合光速，推算出目标点与测站之间距离。全站仪如图 7-1 所示。

图 7-1 全站仪

2 提升效果

1）减少与施工作业的相互干扰，降低了测量环境要求；

2）减少传统量测方式系统误差、人员误差、测站误差等，提升结果准确性；

3）自动记录观测数据，使用方便简捷，极大地提高工作效率。

3 适用条件

1）隧道位移量测。

7.3.2 自动监控量测技术

1 技术概述

利用自动化监测设备获取测点的量测信息，并进行数据自动化分析及预警的监控量测工作。多采用激光测距原理，借助无线传输技术，实现隧道测量、数据采集等工作。自动监控量测如图 7-2 所示。

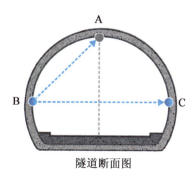
隧道断面图

图 7-2 自动监控量测

2 提升效果

1）实时监测隧道变形，及时预警；

2）降低人工成本，循环使用。

3 适用条件

1）需一定周期高频率监测的项目；

2）需要动态监测且需要及时了解变化的监测项目。

7.3.3 监控量测管理云系统

1 系统概述

监控量测管理云系统由移动终端、WEB 管理终端、云数据库等组成，通过移动端进行各种监控量测现场数据的采集，通过互联网将数据实时传入云端存储，通过 WEB 端进行数据管理和查看，实现了监测数据的实时共享，监控量测管理云系统见附录 Q。监控量测管理云系统如图 7-3 所示。

2 提升效果

1）降低数据流转中人为更改的管理风险，提升监测结果的真实性、准确性；

2）减少数据处理分析和传递反馈工作时间，提升监测工作数据反馈的及时性；

3）数据展示更加多元丰富、形象直观，提升监测成果的利用率；

4）通过系统的溯源监管，提升监测工作的管控水平和管控效能。

图 7-3　监控量测管理云系统

8 隐蔽工程检查与无损检测

8.1 一般规定

8.1.1 隧道施工各工序均应纳入隐蔽工程管控。

8.1.2 应建立隐蔽工程管理办法及影像资料管理制度。

8.1.3 隐蔽工程无损检测应由具有相关资质的单位和人员承担。

8.1.4 应按附录 C 建立隧道各施工工序影像资料档案。

8.2 隐蔽工程检查基本要求

1 凡隧道生产过程中的隐蔽工程，如拱架、锚杆、小导管、网片、防水板、衬砌混凝土施工、管道预留埋设等，应经监理工程师检查并签证，方准隐蔽后进行下道工序施工。

2 未经监理工程师检查而自行覆盖的，该分部不予计价，对由此产生的质量事故应由施工单位承担损失和责任。

3 隐蔽工程检查应及时，监理工程师巡检时提出的问题，应以"监理通知单"形式通知施工单位，纠正后报验监理工程师检验。

4 检查中发现不能处理的问题，应及时报建设及设计单位，且不得带入下道工序。

8.3 隧道施工工序影像管理

8.3.1 设备要求及管理

1 相机：拍摄用相机应为 2000 万像素及以上的具有视频录像功能的设备，并配稳固的相机脚架一个。

2 尺子：用以标示隧道内被拍摄物的尺寸，可采用塔尺或其他刻度标记明显的工程用硬、软尺。

3 小白板：拍摄时将信息板（50cm×40cm）同摄影物一起拍摄，其中工序名、测点桩号、具体内容、设计参数等应在拍摄时填写。拍摄用小白板示例图如图 8-1 所示。

工　程　名	××高速××隧道
工序名	二次衬砌
测点桩号	K32+100～K32+110
具体内容	左侧厚度
设计参数	45cm
日期	年　月　日

图 8-1　拍摄用小白板示例图

8.3.2　拍摄方法

1　应有良好照明。

2　照片应显示年、月、日等信息。

3　照片应清晰，文件大小宜为 1～6.5MB。

4　录制精度宜高于 1280×720，24fps，录制时宜同时由录制人说出录制内容。

5　对相同工序、内容拍摄时，每次拍摄点与被拍摄内容的相对位置应保持一致。

6　防排水、二次衬砌、仰拱拍摄时，应从洞内向洞外方向拍摄。

8.3.3　拍摄内容及频度要求

影像管理拍摄的内容包括：明洞及洞门、开挖、初期支护、仰拱及铺底、拱墙防排水、二次衬砌、电缆槽、中心排水沟、防寒泄水洞出水口、外置保温层等施工环节。

8.3.4　归档要求

1　拍摄照片应每日拷入计算机专用文件夹，每日备份。

2　拍摄文件以工程名、工序名、具体内容命名建立文件夹进行管理，如"××隧道二次衬砌厚度"照片应放入"\××隧道\二次衬砌\衬砌厚度"文件夹，相关衬砌厚度照片或摄像应采用"工程名—工序名—桩号—拍摄内容—拍摄日期"方式命名管理，如"××隧道 K32+100～110 段二次衬砌厚度"照片应有四张，分别命名为"××隧道—二次衬砌—K32+100～110—厚度—全景—2021-9-1""××隧道—二次衬砌—K32+100～110—厚度—左侧—2021-9-1""××隧道—二次衬砌—K32+100～110—厚度—拱部—2021-9-1""××隧道—二次衬砌—K32+100～110—厚度—右侧—2021-9-1"。

3　影像资料应使用语音和标识牌进行记录，内容应包括隐蔽工程实体、检验人员影像和验收结论。

4　标识牌应包括检验参加单位名称、单位工程、分部工程、验收部位、工点里程位置、检验人员姓名、检验日期等信息。

5　影像资料应主题突出，图像清晰。拍摄实测尺寸时，应拍摄持尺情况并清晰显示尺寸数字。

6　影像资料采集频率应与检验批验收频率一致，采集时机应与验收同步。

7　各工序工程影像资料留存应保证桩号连续，以备后期质量复查。

8　影像资料采集应由监理、施工单位分别独立组织实施与存档，并做好备份。

8.4　隐蔽工程无损检测管理

8.4.1　质量控制流程

1　隧道隐蔽工程无损检测应纳入施工工序管理。

2　应遵循发现问题及时处治，及时复检，及时闭合，不留隐患的原则。

3　检测结果满足设计及规范要求方可进行下道工序。

4　检测结果如不满足设计及规范要求，应对缺陷进行处治后再进行复检，直至达到要求才能进行下道工序。

8.4.2　要求及控制标准

1　应在收集并分析与检测相关资料的基础上，制定检测方案。

2　原始数据处理前应回放，复核检测数据是否有效，确保记录完整、信号清晰。

3　检测单位应对检测结果进行分析和评判，并向委托单位出具检测报告。

4　对检测结果有异议时，可选用其他检测方法进行验证，确认质量不合格的工程，应在处置后进行复检。

5　开挖质量检测及控制标准见表8-1和表8-2。

隧道开挖断面检测方法　　　表8-1

无损测定方法及采用的测定仪		测定方法概要
直接量测开挖面断面积方法	以内模为参照物直接测量法	以内模为参照物，用钢尺直接测量超欠挖
	使用激光束的方法	利用激光射线在开挖面上定出基点，并由该点实测开挖断面
	使用投影机的方法	利用投影机将基点或隧道基本形状投影在开挖面上，然后据此实测开挖断面
非接触观测法	极坐标法（断面仪法）	以某物理方向（如水平方向）为起算方向，按一定间距（角度或距离）依次测定仪器旋转中心与实际开挖轮廓线交点之间的矢径（距离）及该矢径与水平方向的夹角，将这些矢径端点依次相连即可获得实际开挖的轮廓线

隧道允许超挖值　　　表8-2

项　　目		规定值或允许偏差
拱部	破碎岩、土（Ⅳ、Ⅴ级围岩）	平均100，最大150
	中硬岩、软岩（Ⅱ、Ⅲ、Ⅳ围岩）	平均150，最大250
	硬岩（Ⅰ级围岩）	平均100，最大200
边墙	每侧	+100，0
	全宽	+200，0
仰拱、隧底		平均100，最大250

6　初期支护质量检测及控制标准见表8-3。

隧道初期支护结构检测与控制标准 表8-3

检测项目	无损检测方法	控制标准
锚杆锚固力	采用锚杆拉拔仪检测锚杆锚固力，每安装300根锚杆至少抽检1组（3根）	1. 同组锚杆锚固力或者拔力平均值小于设计值； 2. 同组单根锚杆锚固力不得低于设计值的90%； 3. 同组28d锚杆锚固力或者拔力平均值不小于设计值
锚杆长度和注浆饱满度	采用超声反射法检测	注浆密实度大于75%，杆体插入孔内长度不小于设计值的95%
拱墙衬砌前断面检测	参照隧道超欠挖方法	实测初期支护内轮廓不侵入二次衬砌设计内轮廓线
喷射混凝土强度	喷大板切割法、凿方切割法、钻孔取芯法	不低于设计强度
钢架间距	采用地质雷达法对二次衬砌施作前的初期支护进行检测	相邻钢架间距不得大于设计值5cm，同段围岩钢架的平均间距不得大于设计值
喷射混凝土厚度	采用地质雷达法对二次衬砌施作前的初期支护进行检测	厚度平均值≥设计厚度；60%的检查点的厚度≥设计厚度；最小厚度≥0.6设计厚度
初期支护背后空洞	采用地质雷达法对二次衬砌施作前的初期支护进行检测	检测段初期支护背后不得有空洞现象
仰拱及仰拱填充检测	地质雷达法	仰拱及仰拱填充厚度、填充密实情况，有条件时，也可对钢架数量进行检测

7 二次衬砌质量检测及控制标准见表8-4。

隧道二次衬砌结构检测与控制标准 表8-4

检测项目	无损检测方法	控制标准
断面	参照隧道超欠挖检测方法	实测轮廓线不侵入设计轮廓线
混凝土强度	超声回弹综合法	不低于设计强度
混凝土厚度	地质雷达法	90%检查点应大于设计厚度；最小厚度应大于1/2设计厚度
二次衬砌背后空洞	地质雷达法	检测二次衬砌背后不得有空洞现象
二次衬砌钢筋分布	地质雷达法	按设计分布，主筋间距允许偏差±设计分布

8.5 技术提升

8.5.1 中心排水沟（或路侧边沟）管道机器人

1 技术概述

管道机器人是一种可沿管道内部或外部自动行走、携带一种或多种传感器及操作机械，通过查看摄录成果，可现场判断管道损坏的程度、具体位置和范围。管道检测机器人如图 8-2 所示。

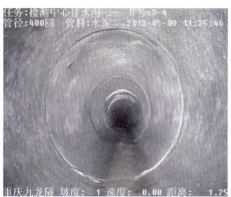

图 8-2　管道检测机器人

2　提升效果

1）可对隧道深埋排水沟施工及交竣工时进行检查。

3　适用条件

1）设有中心排水沟或路侧边沟的隧道；

2）中心排水沟或路侧边沟存在问题需要检查时。

8.5.2　隧道衬砌三维检测技术

1　技术概述

隧道衬砌三维检测（图 8-3）主要通过集成雷达天线，进行隧道纵向与环向检测，实现三维成像。

图 8-3　隧道衬砌三维检测

2　提升效果

1）直观显示隧道衬砌缺陷分布。

8.5.3 隧道施工工序影像管理云系统

1　系统概述

隧道施工工序影像云系统由移动终端、WEB 管理终端、云数据库等组成，通过移动端进行各工序隐蔽工程的影像数据采集，通过互联网将数据实时传入云端存储，通过 WEB 端进行数据管理和查看，实现了影像数据的实时共享，同时还要实现影像的批量下载管理与移交等功能。隧道施工工序影像管理系统 App 端如图 8-4 所示，隧道施工工序影像管理系统 WEB 端如图 8-5 所示。

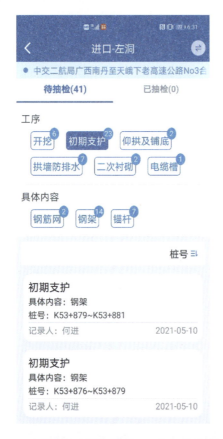

图 8-4　隧道施工工序影像管理系统 App 端

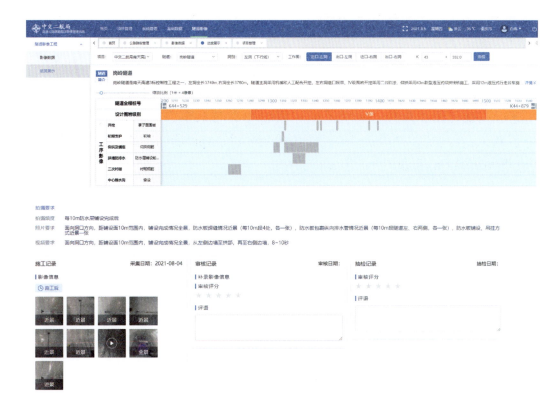

图 8-5　隧道施工工序影像管理系统 WEB 端

2　提升效果

1）减少影像处理和整理上传反馈时间，大大提升了工作效率；

2）降低影像数据录入时人为更改的管理风险，提升影像结果的真实性、及时性；

3）影像数据展示更加多元丰富、形象直观；

4）通过系统的溯源监管，提升管控水平和管控效率。

9 动态设计

9.1 一般规定

9.1.1 应建立建设、设计、施工、监理、超前地质预报及监控量测等多单位协作的隧道动态设计管理制度，成立多方参与的现场动态设计工作组（以下简称工作组），负责隧道围岩判定及动态设计工作。

9.1.2 工作组应及时根据地质超前预报结果、洞内外监控量测数据、施工方法、隧道掌子面实际地质条件等的变化，对隧道围岩级别进行判定，并提出对隧道结构设计参数、施工方法等变更建议。

9.1.3 设计单位应派驻具有不少于5年从业经验的设计代表进入工作组，并根据变更建议，及时提交现场变更设计图。

9.2 动态设计管理基本要求

1 出现以下情况时，工作组应及时开展动态设计工作：
1）超前地质预报揭示开挖面前方岩层存在不利地质构造或有地下水状况；
2）开挖面揭示的围岩级别（地质构造、地下水、地应力、有害气体状况）与设计有较大差别；
3）根据监控量测数据预测，在二次衬砌完成前，围岩地层变形量将大于预留变形量；
4）围岩变形量持续增大，且总变形量超过2/3设计预留变形量；
5）支护结构产生明显的不可逆结构损坏；
6）洞外地表变形量持续增大，将严重危及隧道安全；
7）其他对隧道施工及支护结构不利的变化。
2 动态设计主要包括以下内容：
1）围岩级别变更；
2）防排水及支护结构参数（含开挖断面参数、预留变形量等）的变更；
3）辅助工程措施变更；

4）开挖工序、工法变更。

3 用于动态设计的监控量测、超前地质预报的数据及掌子面围岩状况影像的收集与反馈宜采用信息化手段，并应在采集后 24h 内上传至管理系统。

4 监理单位应在 2h 内对反馈的异常信息进行现场确认。

5 工作组的各方均可根据以上确认的信息，提请召开工作组会议。

6 必要时工作组可邀请行业专家进行会审。

9.3 技术提升

9.3.1 施工信息动态管理系统

1 系统概述

施工信息动态管理系统具有手机或平板 App 离线信息采集上传、电脑 WEB 端信息查看等功能，能将施工进度、监控量测、超前地质预报、掌子面围岩状况以及各工序影像信息集合在一起，进行实时查看和分类预警提示。动态信息管理系统如图 9-1 所示。

图 9-1 动态信息管理系统

2 提升效果

1）实时提供隧道施工动态信息，为提升隧道动态设计准确性提供数据支持；

2）通过自动化的预警提示等功能，减少预警反馈时间，提高动态设计效率；

3）提升项目参建各方管控水平和管控效能。

附录 A 隧道施工 6S 管理清单

隧道开挖班组 6S 管理表——测量 表 A-1

表序号：CL—　　　　　　　施工时间：　　　　　　　掌子面桩号：　　　　　　

分类	检查项目	具 体 内 容	检查结果 是	检查结果 否	跟进工作
整理	工作场所	掌子面渣土已经全部清除	□	□	
		上一循环初期支护已完成	□	□	
		掌子面及周边未支护围岩面排险到位，不存在松动岩块及浮石	□	□	
		掌子面范围内不存在影响测量的设备、机具	□	□	
		开启风机使掌子面通风满足要求	□	□	
		开启照明使掌子面照明满足要求	□	□	
		辅助测量的钻孔施工台架已移动就位	□	□	
	工具设备	记号用喷漆和标记笔齐全	□	□	
		全站仪主机状态良好	□	□	
		全站仪三脚架完好	□	□	
		有全站仪备用电池	□	□	
		有记录用表格	□	□	
		对讲机状态良好	□	□	
	人力配备	测量组人员工作能力满足要求	□	□	
	个人防护	测量组人员防护设备佩戴符合要求	□	□	
	安全配置	安全逃生管道应急物资配置符合要求	□	□	
整顿	辅助设备	施工台架通道及工作区标识清晰	□	□	
		辅助材料或仪器设备放到墙边部指定位置	□	□	
	工作场所	照明灯具标识编号清晰，挂放整齐	□	□	
		掌子面配电箱线路编号清晰，挂放整齐	□	□	
	工具设备	仪器设备有对应的专用工具箱及编号	□	□	
		仪器设备上有符合要求的标定标识（准用标识）	□	□	
清扫	工具设备	施工台架上无尖锐、凹凸不平或障碍物	□	□	
		清洁设备上无污物	□	□	
		镜头已清洁（如需）	□	□	
		清洁仪器和设备箱中无碎屑、灰尘	□	□	

续表 A-1

分类	检查项目	具 体 内 容	检查结果 是	检查结果 否	跟进工作
清洁	工具设备	带走用完的喷漆空罐、记号笔	□	□	
		工具或仪器设备清点齐全无遗漏	□	□	
素养	培训与检查	开展了班前教育	□	□	
		开展了班中检查	□	□	
		开展了班后总结	□	□	
安全	班前培训	测量组人员防护设备佩戴符合要求	□	□	
		检查施工台架梯具和工作面是否牢固	□	□	
		提示了上下施工台架时应小心防止滑落	□	□	
		提示了在施工台架上操作时应防止坠落	□	□	
		提示了要随时注意掌子面是否存在坍塌或松动落石	□	□	
		提示了测量操作时要注意往来车辆	□	□	

工班长签字：_____　　　　班组成员签字：_____

隧道开挖班组 6S 管理表——钻孔　　表 A-2

表序号：ZK—_____　　施工时间：_____　　掌子面桩号：_____

分类	检查项目	具 体 内 容	检查结果 是	检查结果 否	跟进工作
整理	工作场所	掌子面及周边未支护围岩面排险到位，不存在松动岩块及浮石	□	□	
		立拱施工台架撤离掌子面	□	□	
		钻孔点位标识清楚	□	□	
	机械设备	凿岩台车就位	□	□	
		凿岩台车所需供水系统就位	□	□	
		掌子面范围内存在影响钻孔施工的设备或工具	□	□	
	电力装置及设备	凿岩台车所需供电线路就位	□	□	
		掌子面照明设备开启	□	□	
		掌子面施工所需风机开启	□	□	
		掌子面配电箱运转正常	□	□	
	工具设备	钻杆符合要求	□	□	
		钻头符合要求	□	□	
		钻杆加长辅助设备符合要求	□	□	
		对讲机状态良好	□	□	
		在指定的地方存放本工序的相关工具	□	□	
	人力配备	工作班组人员工作能力满足要求	□	□	
	个人防护	工作班组人员防护设备佩戴符合要求	□	□	

续表 A-2

分类	检查项目	具 体 内 容	检查结果 是	检查结果 否	跟进工作
整理	安全配置	安全逃生管道应急物资配置符合要求	□	□	
整顿	工作场所	工作环境良好，照明及风量充足	□	□	
整顿	工作场所	排水设施运转正常，工作面不积水	□	□	
整顿	工作场所	工作面地面平整	□	□	
整顿	机械设备	凿岩台车编号清晰	□	□	
整顿	机械设备	凿岩台车供水管路标识清晰	□	□	
整顿	机械设备	凿岩台车供水管路摆放在指定位置	□	□	
整顿	电力装置及设备	凿岩台车用电线缆沿边墙挂放整齐	□	□	
整顿	电力装置及设备	凿岩台车线缆连接符合要求，接头处采取了防水、防脱落措施	□	□	
整顿	电力装置及设备	照明灯具标识编号清晰，挂放整齐	□	□	
整顿	工具设备	掌子面配电箱线路编号清晰，挂放整齐	□	□	
整顿	工具设备	工具存放位置标识清晰	□	□	
整顿	工具设备	钻杆有固定的存放台架	□	□	
整顿	个人防护	钻头有固定的存放位置	□	□	
整顿	个人防护	工作组人员防护设备佩戴符合要求	□	□	
清扫	电力装置及设备	供水和供电线路上无杂物	□	□	
清洁	工具设备	机械设备仪表上无污物	□	□	
清洁	工具设备	凿岩台车设备无污物	□	□	
清洁	工具设备	工具箱柜内无灰尘杂物	□	□	
清洁	工具设备	工序结束后，工具或仪器设备清点齐全无遗漏	□	□	
素养	培训与检查	开展了班前教育	□	□	
素养	培训与检查	开展了班中检查	□	□	
素养	培训与检查	开展了班后总结	□	□	
素养	工序验收	钻孔数量、角度符合施工组织设计要求	□	□	
安全	培训教育	提示了无关人员不得进入作业现场	□	□	
安全	培训教育	提示了钻臂工作时，钻臂下方不得站人	□	□	
安全	培训教育	提示了发现掌子面围岩稳定性异常时，先撤退操作人员	□	□	
安全	培训教育	提示了为防止听力伤害，钻机操作时，操作手应戴耳塞	□	□	

工班长签字：_____　　　　班组成员签字：_____

隧道开挖班组6S管理表——装药

表 A-3

表序号：ZY— 　　　　　　施工时间： 　　　　　　掌子面桩号： 　　　　　　

分类	检查项目	具体内容	检查结果 是	检查结果 否	跟进工作
整理	工作场所	掌子面渣土已经全部清除	□	□	
		掌子面及周边未支护围岩面排险到位，不存在松动岩块及浮石	□	□	
		掌子面孔位、孔数与设计相符	□	□	
		辅助装药的施工台架或台车就位	□	□	
		掌子面照明设备开启	□	□	
		掌子面施工所需风机开启	□	□	
		掌子面配电箱运转正常	□	□	
	工具设备	乳化炸药到位	□	□	
		水袋（如需要）到位	□	□	
		聚能管（如需要）到位	□	□	
		雷管到位	□	□	
		炮泥到位	□	□	
		装药炮杆到位	□	□	
	人力配备	工作班组人员配置满足要求	□	□	
	个人防护	工作班组人员防护设备佩戴符合要求	□	□	
	安全配置	安全逃生管道应急物资配置符合要求	□	□	
整顿	工作场所	雷管、炸药分区放置，在墙边部或指定位置	□	□	
		施工台架通道及工作区标识清晰	□	□	
		照明灯具标识编号清晰，挂放整齐	□	□	
		掌子面配电箱线路编号清晰，挂放整齐	□	□	
	工具设备	火工品存放专用工具箱标识清晰	□	□	
清扫	工具设备	施工台架上无尖锐、凹凸不平或障碍物	□	□	
清洁	工作场所	工作环境良好，需风量充足	□	□	
	工具设备	工序结束后，工具设备带离现场	□	□	
		火工用品专人清点带走，并记录用量情况	□	□	
素养	培训与检查	开展了班前教育	□	□	
		开展了班中检查	□	□	
		开展了班后总结	□	□	
	工序验收	进行了周边眼装药量验收	□	□	
		进行了炮泥封堵验收	□	□	
安全	培训教育	提示了无关人员不得进入施工范围	□	□	
		提示了掌子面附近严禁烟火	□	□	
		提示了起爆前严格检查掌子面状况	□	□	

续表 A-3

分类	检查项目	具 体 内 容	检查结果 是	检查结果 否	跟进工作
安全	培训教育	起爆程序规范	□	□	
		对剩余火工品进行了规范化处理	□	□	
		对哑炮排险进行了规范化处理	□	□	

工班长签字：_____　　　　班组成员签字：_____

隧道开挖班组 6S 管理表——出渣　　　　表 A-4

表序号：CZ—_____　施工时间：_____　掌子面桩号：_____

分类	检查项目	具 体 内 容	检查结果 是	检查结果 否	跟进工作
整理	工作场所	掌子面及周边未支护围岩面排险到位，不存在松动岩块及浮石	□	□	
		掌子面照明设备开启	□	□	
		掌子面施工所需风机开启	□	□	
		掌子面配电箱运转正常	□	□	
	工具设备	铲车状态良好	□	□	
		挖机状态良好	□	□	
		出渣车状态良好	□	□	
		口哨、强光手电、对讲机状态良好	□	□	
	人力配备	工作班组人员满足要求、安全指挥人员就位	□	□	
	个人防护	工作班组人员防护设备佩戴符合要求	□	□	
	安全配置	安全逃生管道应急物资配置符合要求	□	□	
整顿	工作场所	照明灯具标识编号清晰，挂放整齐	□	□	
		掌子面配电箱线路编号清晰，挂放整齐	□	□	
	工具设备	铲车标识及编号清晰	□	□	
		挖机标识及编号清晰	□	□	
		出渣车标识及编号清晰	□	□	
		机械设备停放在指定位置	□	□	
	个人防护	工作班组人员防护设备佩戴符合要求	□	□	
清扫	工作场所	出渣过程中，及时清理现场及附近影响施工的碎落物	□	□	
清洁	工作场所	工作环境良好，需风量充足	□	□	
		工序结束后，掌子面现场平整无杂物	□	□	
		工序结束后，隧道路面无影响施工的碎落物	□	□	
	工具设备	出渣用各种车辆设备清洗干净	□	□	
素养	培训与检查	开展了班前教育	□	□	
		开展了班中检查	□	□	

续表 A-4

分类	检查项目	具 体 内 容	检查结果 是	检查结果 否	跟进工作
素养	培训与检查	开展了班后总结	□	□	
安全	培训教育	提示了哑炮处理排险结束后,才能进入出渣施工现场	□	□	
		提示了挖机排险作业要注意掌子面稳定状况	□	□	
		提示了先机械后人工对掌子面周边围岩进行排险	□	□	
		提示了出渣时严禁无关人员接近掌子面	□	□	
		提示了机械交叉作业时,应安排专人进行指挥	□	□	
		提示了出渣车辆装载量不能超过箱面高度	□	□	
		提示了出渣车辆进出隧道均应严格控制车速	□	□	
		提示了出渣车辆除驾驶员外,不得搭载其他人员	□	□	

工班长签字：_____　　　　　班组成员签字：_____

隧道初期支护班组 6S 管理表——锚杆　　　表 A-5

表序号：MG—_____　施工时间：_____　锚杆打设范围桩号：_____～_____

分类	检查项目	具 体 内 容	检查结果 是	检查结果 否	跟进工作
整理	工作场所	掌子面渣土已经全部清除	□	□	
		掌子面及周边未支护围岩面排险到位,不存在松动岩块及浮石	□	□	
		辅助的施工台架就位	□	□	
		待支护岩面初喷完成	□	□	
		工作面照明设备开启	□	□	
		工作面施工所需风机开启	□	□	
		工作面配电箱运转正常	□	□	
		初喷机械设备离开作业面	□	□	
		锚杆洞打设完成	□	□	
	工具设备	锚杆就位	□	□	
		锚杆垫板就位	□	□	
		锚杆螺栓就位	□	□	
		注浆机状态良好	□	□	
		止浆塞	□	□	
		锚杆注浆材料或锚固剂准备好	□	□	
		锚杆机状态良好	□	□	
	人力配备	工作班组人员配置满足要求	□	□	
	个人防护	班组人员防护设备佩戴符合要求	□	□	
	安全配置	安全逃生管道应急物资配置符合要求	□	□	

续表 A-5

分类	检查项目	具 体 内 容	检查结果 是	检查结果 否	跟进工作
整顿	工作场所	材料或仪器设备放到墙边或指定位置	□	□	
		仪器设备编号清晰	□	□	
		施工台架通道及工作区标识清晰	□	□	
		照明灯具标识编号清晰，挂放整齐	□	□	
		掌子面配电箱线路编号清晰，挂放整齐	□	□	
	工具设备	专用工具箱标识清晰	□	□	
清扫	工具设备	施工台架上无尖锐、凹凸不平或障碍物	□	□	
		如有碎落物及时清理，不影响施工	□	□	
清洁	工作场所	工作环境良好，需风量充足	□	□	
	工具设备	工序结束后，工具设备带离现场	□	□	
		对所有机具进行清洗保养	□	□	
素养	培训与检查	开展了班前教育	□	□	
		开展了班中检查	□	□	
		开展了班后总结	□	□	
	工序验收	锚杆按规程要求注浆	□	□	
		锚杆安设垫板、止浆塞	□	□	
安全	培训教育	提示了台架上方进行锚标安装作业时，下方不能有人员进入	□	□	
		提示了拱顶锚杆安装时注意掉落	□	□	
		提示了安装时注意掌子面（及周边）围岩坍塌或落石	□	□	
		提示了检查施工台架梯具和工作面是否牢固	□	□	

工班长签字：_____　　　　班组成员签字：_____

隧道初期支护班组 6S 管理表——钢架　　　表 A-6

表序号：GJ—_____　　施工时间：_____　　钢架架设范围桩号：_____~_____

分类	检查项目	具 体 内 容	检查结果 是	检查结果 否	跟进工作
整理	工作场所	掌子面渣土已经全部清除	□	□	
		掌子面及周边未支护围岩面排险到位，不存在松动岩块及浮石	□	□	
		辅助支护的施工台架就位	□	□	
		支护岩面初喷完成	□	□	
		工作面照明设备开启	□	□	
		工作面施工所需风机开启	□	□	
		工作面配电箱运转正常	□	□	

续表 A-6

分类	检查项目	具 体 内 容	检查结果 是	检查结果 否	跟进工作
整理	工具设备	钢筋网片绑扎好，就位	□	□	
		钢架就位	□	□	
		钢架垫（楔）块就位	□	□	
		垫板就位	□	□	
		电焊机状态良好	□	□	
		螺栓就位	□	□	
		撬棒就位	□	□	
		辅助作业机械状态良好	□	□	
	人力配备	工作班组人员配置满足要求	□	□	
	个人防护	班组人员防护设备佩戴符合要求	□	□	
	安全配置	安全逃生管道应急物资配置符合要求	□	□	
整顿	工作场所	电焊机设备放到墙边或指定位置	□	□	
		施工台架通道及工作区标识清晰	□	□	
		施工台架上无尖锐、凹凸不平或障碍物	□	□	
清扫	工具设备	清扫立拱台车运动部件干净无杂物	□	□	
		相关仪表上无污物	□	□	
清洁	工作场所	工作环境良好，通风照明满足要求	□	□	
	工具设备	工序结束后，工具设备带离现场	□	□	
素养	培训与检查	开展了班前教育	□	□	
		开展了班中检查	□	□	
		开展了班后总结	□	□	
	工序验收	钢架架设未侵限	□	□	
		钢架垫（楔）块、垫板设置规范	□	□	
安全	培训教育	提示了施工前检查施工台架梯具和工作面是否牢固	□	□	
		提示了上下施工台架应小心防止滑落	□	□	
		提示了施工台架上操作应防止坠落	□	□	
		提示了施工台架上有人操作时，下方禁止人员、车辆误入	□	□	
		提示了安装时注意掌子面围岩坍塌或落石	□	□	
		提示了检查施工台架梯具和工作面是否牢固	□	□	

工班长签字：＿＿＿＿＿＿＿＿　　　　班组成员签字：＿＿＿＿＿＿＿＿

隧道初期支护班组 6S 管理表——喷射混凝土 表 A-7

表序号：PH—_____　　施工时间：_____　　喷射范围桩号：_____ ~ _____

分类	检查项目	具 体 内 容	检查结果 是	检查结果 否	跟进工作
整理	工作场所	掌子面渣土已经全部清除	□	□	
		掌子面及周边未支护围岩面排险到位，不存在松动岩块及浮石	□	□	
		掌子面照明设备开启	□	□	
		掌子面施工所需风机开启	□	□	
		掌子面配电箱运转正常	□	□	
	工具设备	湿喷机械手状态良好	□	□	
		初期支护厚度限位钉设置好	□	□	
		混凝土运输罐车状态良好	□	□	
		辅助作业机械状态良好	□	□	
	人力配备	工作班组人员配置满足要求	□	□	
	个人防护	班组人员防护设备佩戴符合要求	□	□	
	安全配置	安全逃生管道应急物资配置符合要求	□	□	
整顿	工作场所	辅助材料或仪器设备放到墙边指定位置	□	□	
		照明灯具标识编号清晰，挂放整齐	□	□	
		掌子面配电箱线路编号清晰，挂放整齐	□	□	
	工具设备	专用工具箱标识清晰	□	□	
		施工机械设备标识清晰	□	□	
清扫	工具设备	严格按规范进行喷射操作，减少回弹	□	□	
		施工台架上无尖锐、凹凸不平或障碍物	□	□	
清洁	工作场所	工作环境良好，需风量充足	□	□	
	工具设备	工序结束后，工具设备带离现场	□	□	
		对所有机具进行清洗保养	□	□	
素养	培训与检查	开展了班前教育	□	□	
		开展了班中检查	□	□	
		开展了班后总结	□	□	
	工序验收	严格按照分层喷射混凝土	□	□	
		初期支护平整度满足要求	□	□	
安全	培训教育	提示了喷射混凝土时，机械手、工作台下方不得有人员进入	□	□	
		提示了出现坍塌、涌突水等意外状况时，应第一时间进行人员撤离	□	□	

工班长签字：_____　　　　班组成员签字：_____

隧道二次衬砌班组 6S 管理表——防水层铺挂　　　　表 A-8

表序号：FS—_____　　施工时间：_____　　防水层铺挂范围桩号：_____~_____

分类	检查项目	具 体 内 容	检查结果 是	检查结果 否	跟进工作
整理	工作场所	铺挂台车移动就位	□	□	
		环向排水管安装位置标识清楚	□	□	
		开启风机使掌子面通风满足要求	□	□	
		开启照明使掌子面照明满足要求	□	□	
	工具设备	防水板就位	□	□	
		土工布就位	□	□	
		波纹管就位	□	□	
		垫衬（全套）就位	□	□	
		垫衬位置定位仪就位	□	□	
		爬焊机就位	□	□	
		电磁焊机就位	□	□	
	人力配备	工作班组人员配置满足要求	□	□	
	个人防护	工作班组人员防护设备佩戴符合要求	□	□	
整顿	工作场所	材料或仪器设备放到墙边或指定位置	□	□	
		照明灯具标识编号清晰，挂放整齐	□	□	
		掌子面配电箱线路编号清晰，挂放整齐	□	□	
		台车供电线路标识编号清晰，挂放整齐	□	□	
		防水材料堆放整齐并有标牌标识	□	□	
		铺挂台架通道及工作区标识清晰	□	□	
		施工台架上无尖锐、凹凸不平或障碍物	□	□	
	工具设备	设备专用工具箱编号标识清晰	□	□	
		电磁焊机、爬焊机上有符合要求的标定标识	□	□	
清扫	工具设备	清除台架上的污物或多余废料	□	□	
清洁	工具设备	工序结束后，清洁爬焊机及工具箱	□	□	
素养	培训与检查	开展了班前教育	□	□	
		开展了班中检查	□	□	
		开展了班后总结	□	□	
	工序验收	对无纺布铺挂后的吊点间距进行了验收	□	□	
		对防水板松铺系数进行了验收	□	□	
安全	培训教育	提示了要随时注意通过施工区的车辆通行状况	□	□	
		提示了上下施工台架应采用正确方式，小心防止滑落	□	□	
		提示了施工台架上操作时应防止坠落	□	□	

工班长签字：_____　　　　班组成员签字：_____

隧道二次衬砌班组 6S 管理表——钢筋绑扎 表 A-9

表序号：GJ—_____   施工时间：_____   钢筋绑扎范围桩号：_____~_____

分类	检查项目	具 体 内 容	检查结果 是	检查结果 否	跟进工作
整理	工作场所	防水板垫层均匀，松铺良好	□	□	
		具定位功能的钢筋绑扎台车移动就位	□	□	
		工作面通风满足要求	□	□	
		工作面照明满足要求	□	□	
	工具设备	钢筋就位	□	□	
		钢筋连接套筒就位	□	□	
		扳手就位	□	□	
		电焊机状态良好，防护面罩、焊条就位	□	□	
		绑扎工具就位	□	□	
		钢筋卡具就位	□	□	
		手套就位	□	□	
		钢筋调直工具就位	□	□	
	人力配备	工作班组人员配置满足要求	□	□	
	个人防护	工作班组人员防护设备佩戴符合要求	□	□	
整顿	工作场所	钢筋摆放在指定位置，不受泥水污染	□	□	
		电焊机安放在指定位置，电缆连接稳固	□	□	
		照明灯具标识编号清晰，挂放整齐	□	□	
		工作面配电箱线路编号清晰，挂放整齐	□	□	
		施工台架通道及工作区标识清晰	□	□	
		施工台架上无尖锐、凹凸不平或障碍物	□	□	
	工具设备	设备工具箱编号标识清晰	□	□	
		电焊机上有符合要求的标定标识	□	□	
清扫	工作场所	清理了钢筋头及电焊条残留	□	□	
清洁	工具设备	工序结束后，清洁了焊机与焊枪	□	□	
素养	培训与检查	开展了班前教育	□	□	
		开展了班中检查	□	□	
		开展了班后总结	□	□	
	工序验收	对钢筋保护层厚度及间距定位进行了验收	□	□	
		钢筋焊接符合规范要求	□	□	
安全	培训教育	提示了运移钢筋应戴手套、电焊应使用防护面罩	□	□	
		提示了要随时注意通过施工区的车辆通行状况	□	□	
		提示了上下施工台架应采用正确方式，小心防止滑落	□	□	
		提示了施工台架上操作时应防止坠落	□	□	

工班长签字：_____   班组成员签字：_____

隧道二次衬砌班组 6S 管理表——混凝土浇筑 表 A-10

表序号：HNT—_____　　施工时间：_____　　浇筑范围桩号：_____～_____

分类	检查项目	具 体 内 容	检查结果 是	检查结果 否	跟进工作
整理	工作场所	二次衬砌浇筑台车移动就位	□	□	
		工作面通风满足要求	□	□	
		工作面照明满足要求	□	□	
	工具设备	混凝土泵状态良好	□	□	
		混凝土运输罐车状态良好	□	□	
		混凝土浇筑泵管状态良好	□	□	
		振捣设备状态良好	□	□	
		脱模剂、涂刷笔就位	□	□	
		止水带就位	□	□	
		毛条、木模板、木楔、电锯、铅笔、护目镜、卷尺就位	□	□	
		注浆机、注浆管就位	□	□	
	人力配备	工作班组人员配置满足要求	□	□	
	个人防护	工作班组人员防护设备佩戴符合要求	□	□	
整顿	工作场所	材料或设备放置到墙边或指定位置	□	□	
		电焊机安放在指定位置，电缆连接稳固	□	□	
		泵管堆放台架标识清晰，挂放整齐	□	□	
		工作面照明灯具标识编号清晰，挂放整齐	□	□	
		工作面配电箱线路编号清晰，挂放整齐	□	□	
		施工台架通道及工作区标识清晰	□	□	
		施工台架上无尖锐、凹凸不平或障碍物	□	□	
	工具设备	设备工具箱编号标识清晰	□	□	
		电焊机上有符合要求的标定标识	□	□	
清扫	工具设备	衬砌钢模板打磨清扫、涂脱模剂	□	□	
		清理了止水带、模板加工残留物	□	□	
清洁	工具设备	工序结束后，清洗了振捣设备、输送泵、输送管	□	□	
素养	培训与检查	开展了班前教育	□	□	
		开展了班中检查	□	□	
		开展了班后总结	□	□	
	工序验收	分层分窗浇筑	□	□	
		拱顶空洞注浆饱满	□	□	
安全	培训教育	提示了应戴手套，电锯操作应佩戴护目镜	□	□	
		提示了要随时注意通过施工区的车辆通状况	□	□	
		提示了上下模板台车应采用正确方式，小心防止滑落	□	□	
		提示了模板台车上操作应防止坠落	□	□	

工班长签字：_____　　　　班组成员签字：_____

附录 B 隧道施工安全检查清单

隧道施工安全检查清单——一般要求   表 B-1

项目名称				
监管部门		合同段		
施工单位		建设单位		
隧道名称		监理单位		
		验收（检查）时间		
序号	项目	检查内容		检查结果
1	一般规定	隧道施工前是否开展了安全风险评估，辨识了施工过程的主要危险源及危害因素		
2		是否根据危险源辨识情况编制了隧道坍塌、突水突泥、触电、火灾、爆炸、窒息、有害气体等应急预案并配备了相应的应急资源		
3		隧道洞口与桥梁、路基等同一个工点有多个单位同时施工或洞内不同专业交叉作业时，是否共同制定了现场安全措施		
4		隧道洞口是否设专人负责进出人员登记及材料、设备与爆破器材进出隧道记录和安全监控等工作		
5		隧道内是否建立了洞内外通信联络系统		
6		长、特长及高风险隧道施工是否设置了稳定可靠的视频监控系统、门禁系统和人员识别定位系统		
7		隧道洞口、开关箱、配电箱、台车、台架、仰拱开挖等危险区域是否设置了明显的安全警示标志		
8		洞内施工设施、设备是否设置了反光标识		
9		隧道内防水层铺挂区或保温板安设区是否按要求配备消防器材		
10		隧道内是否未存放汽油、柴油、煤油、变压器油、雷管、炸药等易燃易爆物品		
11		长、特长及高风险隧道是否设置了报警系统及逃生设备、临时急救器械和应急生活保障品等		
意见及签名	项目部施工员			
	项目部安全负责人			
	项目部负责人			
	安全监理工程师			
	建设单位安全管理人员			

隧道施工安全检查清单——施工准备、洞口与明洞　　　　　　　　　　表 B-2

项目名称		合同段	
监管部门		建设单位	
施工单位		监理单位	
隧道名		验收（检查）时间	

序号	项目	检查内容	检查结果
1	施工准备	隧道施工驻地和场站是否建在地质良好的地段，是否避开易发生滑坡、塌方、泥石流、崩塌、落石、洪水、雪崩等危险区域，避让取、弃土场地	
2		施工现场生活区、办公区是否分开设置，距离集中爆破区应不小于500m	
3		材料加工厂是否采用轻钢结构并采取了防雨雪、防风措施	
4		拌和及起重设备是否设置了防倾覆和防雷设施，与其他生产、生活设施是否保持安全距离	
5		架空线路边线无法避开在建工程时，其安全距离是否符合现行《公路工程施工安全技术规范》（JTG F90）的规定	
6	洞口与明洞	洞口边、仰坡开挖是否遵循由上而下方式进行，且没有上下重叠开挖现象	
7		洞口边、仰坡开挖是否符合"不应对周围建筑或下方人员、机械活动产生不良安全影响"	
8		雨季来临前，或隧道进洞前，洞口的截、排水系统是否已完成	
9		洞口施工时，是否监测了边坡、仰坡变形	
10		隧道进洞前，边仰坡是否按设计进行了防护	
11		洞口边仰坡存在落石风险时，是否采取了提前清理、加固措施，或设置了主动或被动防护网	
12		明洞回填前，衬砌强度是否达到了设计的75%（人工作业）或设计强度（机械作业）	

意见及签名	项目部施工员	
	项目部安全负责人	
	项目部负责人	
	安全监理工程师	
	建设单位安全管理人员	

隧道施工安全检查清单——开挖、装渣与运输　　　　表 B-3

项目名称			合同段	
监管部门			建设单位	
施工单位			监理单位	
隧道名称			验收（检查）时间	

序号	项目	检查内容	检查结果
1	开挖	隧道开挖前，是否按照《公路隧道施工技术规范》（JTG/T 3660—2020）及施工图设计开展了超前地质预报，并根据预报结果进行了开挖及超前支护方案确认	
2	开挖	采用台阶法或环形开挖预留核心土法施工时，开挖是否符合以下规定：每循环进尺Ⅴ、Ⅵ级围岩不大于1榀钢架间距，Ⅳ级围岩不大于2榀钢架间距	
3	开挖	采用中隔壁法施工时，同侧上、下层开挖工作面是否保持3~5m距离	
4	开挖	采用双侧壁导坑法施工，导坑与中间土体同时施工时，导坑是否超前30~50m，左右导坑前后距离是否不小于15m	
5	开挖	仰拱开挖施工时，Ⅳ级及以上围岩每循环开挖长度是否不大于3m，Ⅲ级以下围岩每循环开挖长度否不超过5m，是否整幅施作	
6	开挖	仰拱（铺底）与掌子面的距离，是否满足以下规定：Ⅲ级围岩不超过90m，Ⅳ级围岩不超过50m，Ⅴ级不超过40m	
7	开挖	仰拱栈桥等架空设施强度、刚度和稳定性是否满足施工要求；栈桥基础是否稳固；桥面是否做防侧滑处理；两侧是否设限速警示标志（不宜超过5km/h）	
8	开挖	机械开挖时是否划定安全作业区域并设置警示标志	
9	开挖	爆破后是否按"先机械后人工"的顺序找顶排危，并进行安全确认	
10	开挖	隧道双向开挖面间相距15~30m时，是否改为单向开挖；停挖端的作业人员和机具是否撤离	
11	装渣与运输	运渣车辆无违规载人、超载、超宽、超高、超速运输	
12	装渣与运输	装渣、卸渣及运输作业场地的照明是否满足作业人员安全的需要	
13	装渣与运输	有轨运输是否配备载人列车、是否设专人操作	
14	装渣与运输	无轨运输是否设置会车场所、转向场所及行人的安全通路	
15	逃生通道	软弱围岩隧道开挖掌子面至二次衬砌之间应设置逃生通道，随开挖进尺不断前移，逃生通道距离开挖掌子面是否不大于20m	
16	逃生通道	逃生通道内径是否不小于0.8m	
17	逃生通道	逃生通道是否连接牢靠并通畅	

意见及签名	项目部施工员	
	项目部安全负责人	
	项目部负责人	
	安全监理工程师	
	建设单位安全管理人员	

隧道施工安全检查清单——支护与防排水　　表 B-4

项目名称		合同段	
监管部门		建设单位	
施工单位		监理单位	
隧道名称		验收（检查）时间	

序号	项目	检查内容	检查结果
1	初期支护	钢架架立前，是否对安设区域围岩实施了2~5cm初喷混凝土	
2		钢架焊接作业区域内是否有易燃易爆物品，下方是否有人员站立或通行	
3		钢架底脚基础是否坚实、牢固，是否无积水浸泡，在安装基底高程不足时，是否采用设置钢板或强度等级不小于C20混凝土垫块支垫	
4		钢架拆换时，是否逐榀更换，且不存在同时更换相邻两榀现象	
5		锁脚锚杆数量、长度、角度是否符合设计要求	
6	防排水	隧道防水板施工作业台架是否设置防火安全警示标志；照明灯具与防水板间距离是否大于0.5m	
7		隧道内反坡排水，抽水机排水能力是否大于排水量的20%、是否有足够的备用台数	
8		竖井、斜井底水箱、集水坑处是否挂设警示牌标识，是否对设备进行挡护	
9	二次衬砌	二次衬砌距掌子面的距离，Ⅳ级围岩是否未大于90m，Ⅴ级及以上围岩是否未大于70m	
11		衬砌钢筋安装时设置的临时支撑是否牢固可靠、是否有醒目的安全警示标志	
12		钢筋焊接作业在防水板一侧是否设阻燃挡板	
13		衬砌台车、防水层铺挂台车、钢筋绑扎台车等工作台及其上下工作梯边缘是否设置牢靠且满足要求的防护栏	
14		不承受外荷载的衬砌拱墙混凝土强度在拆模时是否大于5MPa；围岩及初期支护变形未稳定或塌方段，衬砌拱墙混凝土强度在拆模时是否大于设计强度	

意见及签名	项目部施工员	
	项目部安全负责人	
	项目部负责人	
	安全监理工程师	
	建设单位安全管理人员	

隧道施工安全检查清单——施工环境与风水电　　　　表 B-5

项目名称			合同段	
监管部门			建设单位	
施工单位			监理单位	
隧道名称			验收（检查）时间	
序号	项目	检查内容		检查结果
1	通风防尘及有害气体防控	长及特长隧道施工是否配备了备用通风机和备用电源		
2		通风机是否装有保险装置，发生故障时能自动停机		
3		通风管沿线每 50～100m 是否设立警示标志或警示灯		
4		隧道内是否进行了粉尘及有害气体检测、监测，其浓度是否符合《公路工程施工安全技术规范》（JTG F90—2015）的相关规定		
5	风、水、电供应	隧道内供风、供水、供气管线与供电线路是否分别架设		
6		空气压缩机站是否设有防水、降温和防雷击设施		
7		供风管是否铺设平顺、接头严密，软管与钢风管的连接是否牢固		
8		空压机风管进出口和软管旁是否无杂物堆放或人员停留		
9		施工供水的蓄水池是否设防渗漏措施和安全防护设施，且未设于隧道正上方		
10		隧道外变电站是否设置防雷击和防风装置		
11		隧道内设置 6～10kV 变电站时，变电站周围是否设有防护栏杆及警示灯时，变压器与周围及上下洞壁的最小距离是否大于 0.3m		
12		洞内供电线路架设是否符合"高压在上、低压在下，干线在上、支线在下，动力线在上、照明线在下"		
13		洞内 110V 以下线路距地面是否大于 2m，380V 线路距地面是否大于 2.5m，6～10kV 线路距地面是否大于 3.5m		
14		隧道施工用电是否按设计要求设置双电源或自备电源，自备发电机组与外电线路是否电源联锁		
15		动力干线上的每一分支线，是否装设开关及保险装置		
16		施工地段的临时电线路是否采用橡套电缆		
17		竖井、斜井地段是否采用铠装电缆		
18		涌水隧道电动排水设备，斜井、竖井内电气装置是否采用双回路输电，是否设可靠的切换装置		
19		隧道内漏水地段是否采用防水灯具照明		
意见及签名	项目部施工员			
	项目部安全负责人			
	项目部负责人			
	安全监理工程师			
	建设单位安全管理人员			

隧道施工安全检查清单——辅助通道

表 B-6

项目名称			合同段	
监管部门			建设单位	
施工单位			监理单位	
隧道名称			验收（检查）时间	

序号	项目	检查内容	检查结果
1	平行导坑施工	平行导坑是否间隔200m左右设置一处有效长度大于1.5倍施工车辆长度的错车道	
2	斜井施工	无轨运输斜井内运输道路是否硬化，是否采取防滑措施	
3		单车道无轨运输斜井是否按要求设置错车道	
4		无轨运输进洞车速是否满足以下要求：载物车辆不大于8km/h，空车不大于15km/h，出洞爬坡车速不大于20km/h	
5		有轨运输井口是否设置挡车器，是否设专人管理	
6		在挡车器下方5~10m及接近井底前10m处是否设防溜车装置	
7		长大斜井每隔100m是否分别设置防溜车装置，井底与通道连接处是否设置安全索	
8		有轨运输车辆行驶时，井内是否符合"不得有人员通行与作业"的要求	
9		有轨运输井身每30~50m是否设置躲避洞，井底停车场是否设避车洞，井底附近的固定设备是否置于专用洞室	
10		斜井口、井下及提升绞车是否有联络信号装置；每次提升、下放与停留是否有明确的信号规定	
11		斜井中牵引运输速度是否符合以下要求：运输中速度不大于18km/h（5m/s），接近洞口与井底时不大于7.2km/h（2m/s），升降加速度不大于0.5m/s²	
12		斜井提升设备是否按规定装设符合要求的防止过卷装置、防止过速装置、限速器、深度指示器、警铃、常用闸和保险闸等保险装置	
13		斜井提升、连接装置和钢丝绳是否进行定期检查	
14		垂直深度超过50m的斜井，是否有运送人员的专用设施	
15		运送人员的车辆是否设顶盖，是否装有可靠的防坠器，是否装有向卷扬机司机发送紧急信号的装置	
16	竖井施工	井口是否配置井盖	
17		井口是否设防雨设施	
18		通向井口的轨道是否设挡车器	
19		井口周围是否设防护栏杆和安全门	
20		井口防护栏杆的高度是否不小于1.2m	
21		竖井井架是否安装避雷装置	
22		竖井吊桶、罐笼升降作业是否制定操作规程	

意见及签名	项目部施工员	
	项目部安全负责人	
	项目部负责人	
	安全监理工程师	
	建设单位安全管理人员	

隧道施工安全检查清单——不良、特殊地段　　表 B-7

项目名称			
监管部门		建设单位	
施工单位		监理单位	
隧道名称		验收（检查）时间	

序号	项目	检查内容	检查结果
1	不良地质和特殊岩土地段	富水软弱~破碎围岩隧道施工过程中是否加强对隧道围岩和支护结构变形、地下水变化的监测	
2		岩溶地质隧道施工前是否开展了地质调查，并配备了足够数量的备用排水设备	
3		含水沙地段开挖是否"先治水、后开挖"，风积沙地段开挖是否"先加固、后开挖"	
4		黄土隧道含水率较大的地段是否满足"墙脚、拱脚不应被水浸泡"的要求，施工中是否监测了拱脚下沉	
5		膨胀岩土地质隧道是否加强了围岩净空位移及围岩压力监测	
6		岩爆地质隧道在围岩内部应力释放后是否采用短进尺开挖，拱部及边墙是否布设预防岩爆锚杆，每循环内对暴露的岩面是否加大了监测及找顶频次	
7		软岩大变形地质隧道施工过程中是否加强了拱顶下沉、周边位移、底鼓、围岩内部位移、支护结构变形等监测	
8		浅埋段隧道是否加强了地表沉降、拱顶下沉的监测	
9		偏压隧道是否加强了对围岩的监测，靠山一侧是否加强支护，每次开挖进尺是否符合不超过1榀钢架间距的规定	
10		地面有建（构）筑物时是否监测了爆破震动及变形	
11		小净距隧道两隧道工作面是否错开施工，先行洞与后行洞掌子面错开距离是否符合大于2倍隧道开挖宽度的规定	

意见及签名	项目部施工员	
	项目部安全负责人	
	项目部负责人	
	安全监理工程师	
	建设单位安全管理人员	

注：瓦斯隧道检查内容详见后表。

隧道施工安全检查清单——瓦斯隧道施工通风

表 B-8

项目名称		合同段	
监管部门		建设单位	
施工单位		监理单位	
隧道名称		检查时间	

序号	项目	检查内容	检查结果
1	瓦斯隧道施工通风	瓦斯工区是否制定瓦斯检测方案，并按检测频率要求开展瓦斯检测与记录工作	
2		是否建立施工通风监控系统，设置专职人员测定风速、风量等参数	
3		瓦斯隧道内是否设置测风牌板，标明检测人员、风速和检测时间等内容	
4		通风管理人员是否每班检查局部通风机和风电闭锁装置的完好性	
5		隧道洞内通风风速是否满足微瓦斯工区不小于0.15m/s，低瓦斯工区隧道洞内通风风速不应小于0.25m/s，高瓦斯工区和煤（岩）与瓦斯突出工区隧道洞内通风风速不应小于0.5m/s的要求	
6		瓦斯易于积聚处是否实施局部通风，且风速不小于1.0m/s	
7		瓦斯工区各个开挖掌子面是否独立通风，并不存在使用1台通风机同时向两个及以上掌子面供风，任何两个掌子面之间串联通风的现象	
8		是否有一套同等性能的备用通风机，并保持良好的使用状态，使该备用通风机能在10min内启动	
9		通风机是否设两路电源，并装设风电闭锁装置，当一路电源停止供电时，另一路应在10min内接通	
10		低瓦斯工区、高瓦斯工区及煤（岩）与瓦斯突出工区内使用的局部通风机、射流风机是否采用防爆型	
11		高瓦斯工区及煤（岩）与瓦斯突出工区是否采用专用变压器、专用开关、专用线路、风电闭锁和甲烷电闭锁	
12		瓦斯隧道通风风管送风口是否距开挖面不大于10m	
13		微瓦斯、低瓦斯工区日常通风检查是否每天不少于1次，高瓦斯工区和煤（岩）与瓦斯突出工区每班应不少于1次	
14		采用巷道式通风时，除用作通风联络道的横通道外，其他横通道是否封闭；运输用的横通道是否设两道双向闭锁风门，防止风流短路	
15		瓦斯工区停风时，是否撤出所有人员，切断电源，设置警示标志，禁止人、车辆进入隧道	

意见及签名	项目部施工员	
	项目部安全负责人	
	项目部负责人	
	安全监理工程师	
	建设单位安全管理人员	

隧道施工安全检查清单——瓦斯隧道检测 表 B-9

项目名称			合同段	
监管部门			建设单位	
施工单位			监理单位	
隧道名称			检查时间	
序号	项目	检查内容		检查结果
1	瓦斯隧道检测	高瓦斯工区、煤（岩）与瓦斯突出工区是否同时配备了低浓度光干涉式甲烷测定器和高浓度光干涉式甲烷测定器。非瓦斯工区、微瓦斯工区、低瓦斯工区是否配备了低浓度光干涉式甲烷测定器		
2		当地层富含 H_2S、CO、N_2、NO_2、NH_3 等有害气体时，是否配备了相应的气体测定器		
3		洞内班组长、特殊工种等人员进入瓦斯工区是否配备了便携式甲烷检测报警仪		
4		施工中使用的瓦斯检测仪器、仪表是否进行了定期检测、调试、校正，并在有效期内使用		
5		人工瓦斯检测频率是否满足下列规定并留有记录： （1）微瓦斯工区不应少于 1 次/4h，低瓦斯工区、高瓦斯工区不应少于 1 次/2h。 （2）高瓦斯工区和煤（岩）与瓦斯突出工区的开挖工作面及瓦斯涌出量较大、变化异常区域，应提高瓦斯浓度检测频率。 （3）瓦斯浓度低于0.5%时，应每0.5~1h检测一次；高于0.5%时，应随时检测。 （4）瓦斯工区内进行钻孔作业、塌腔及采空区处治和焊接动火、切割时，应随时检测瓦斯		
6		施工时是否在瓦斯工区的开挖工作面及台车位置的拱顶以下25cm的范围内悬挂了便携式甲烷检测报警仪，实时检测瓦斯浓度		
7		自动监控报警系统是否具有以下功能： （1）具有断电、馈电状态监测和报警功能，显示、存储和打印报表功能。 （2）应能实时监测瓦斯浓度、洞内风速。 （3）可对主要风机实现风电闭锁功能，其他设备实现甲烷电闭锁。 （4）瓦斯浓度超过要求时，自动切断超限区的电源后，自动监控报警系统仍可正常工作		
8		是否对每班人工瓦斯检测结果与自动监控系统相应位置、时间的自动监控值进行比对，两种方式相互验证		
9		瓦斯工区停风后再恢复通风前，是否由配备自救器的专业瓦斯检测人员进洞检测洞内瓦斯浓度情况，再确定通风及风机启动方案		
10		穿越煤（岩）与瓦斯突出地层时，开挖工作面处是否进行了全程瓦斯浓度检测		
11		是否在揭煤爆破通风 30min 后，先检测开挖工作面、回风道等位置的瓦斯浓度，确认安全后才允许施工人员进洞		
意见及签名	项目部施工员			
	项目部安全负责人			
	项目部负责人			
	安全监理工程师			
	建设单位安全管理人员			

隧道施工安全检查清单——瓦斯隧道电气设备及机械 表 B-10

项目名称		合同段	
监管部门		建设单位	
施工单位		监理单位	
隧道名称		检查时间	

序号	项目	检查内容	检查结果
1	瓦斯隧道电气设备及机械	瓦斯工区电气设备、作业机械配置是否符合下列规定： （1）高瓦斯工区、煤（岩）与瓦斯突出工区的电气设备和作业机械应使用矿用防爆型。 （2）低瓦斯工区的电气设备应使用矿用一般型，作业机械可按非瓦斯工区配置	
2		低瓦斯工区、高瓦斯工区、煤（岩）与瓦斯突出工区电缆、电缆连接及敷设是否采取防爆措施	
3		瓦斯工区内的瓦斯地层施工完成前，电气设备是否按最高瓦斯工区类别配置；	
4		瓦斯工区内使用的防爆电气设备和作业机械，除日常检查外，是否进行了定期检查维护	
5		瓦斯工区内各级配电电压和各种机电设备额定电压等级是否符合下列规定： （1）高压不大于10000V，低压不大于1140V。 （2）照明、信号、电话和手持式电气设备的供电额定电压，低瓦斯工区不应大于220V，高瓦斯工区、煤（岩）与瓦斯突出工区不大于127V。 远距离控制线路的额定电压不大于36V	
6		高瓦斯工区和煤（岩）与瓦斯突出工区供电是否配置了两路独立电源，且任一路电源线上均不得分接隧道以外的任何负荷。不能配置两路独立电源而采用单回路供电时，是否配备了满足一级负荷供电的备用电源，并在公用电网断电10min内启动	
7		瓦斯工区供电是否符合"由洞外中性点直接接地的变压器或发电机不得直接向瓦斯工区内供电及瓦斯工区内的配电变压器中性点不得直接接地"的规定	
8		瓦斯工区高低压电气设备是否满足不得使用油浸式的规定，如：油断路器、带油的起动器和一次线圈为低压的油浸变压器等	
9		瓦斯隧道照明供电是否符合下列规定： （1）分路动力开关与照明开关应分别设置，照明线路接线应接在动力开关的上侧。 （2）工作面、防水板铺设和二次衬砌施工等作业平台处及未施作二次衬砌地段的移动照明，均应采用具有短路、过载和漏电保护的集干式变压器和开关为一体照明信号综合保护装置，电压不大于12V，潮湿等特定条件不大于36V，用分支专用电缆、防爆接线盒接入防爆照明灯具	

续表 B-10

序号	项目	检查内容	检查结果
10	瓦斯隧道电气设备及机械	固定照明灯具的选用，是否符合下列规定： （1）采用压入式通风时，已衬砌地段的固定照明灯具，采用 Exd II 型防爆照明灯；开挖工作面附近、未衬砌地段的移动照明灯具，采用 Exd I 型矿用防爆照明灯。 （2）采用巷道式通风时，进风巷道已衬砌地段采用 Exd II 型防爆照明灯，开挖工作面附近、未衬砌地段及回风巷道内的照明灯具，采用 Exd I 型矿用防爆照明灯	
11		移动照明灯具的选用，是否符合下列规定： （1）移动照明使用矿灯，并配置专用矿灯充电装置。 （2）洞内开挖支护、仰拱施作、防水板铺设及二次衬砌浇筑等工序作业照明亮度要求较高处，可配置移动隔爆型投光灯	
12		电缆的选用是否符合下列规定：铜芯电缆、主线芯的截面满足供电线路负荷要求、带有供保护接地用的足够截面的导体	
13		高压电缆的选用是否符合下列规定： （1）在隧道、平导或倾角45°以下的斜井内敷设的固定高压电缆应采用煤矿用钢带或细钢丝铠装电力电缆。 （2）在竖井或倾角为45°及其以上斜井内敷设的固定高压电缆应采用煤矿用粗钢丝铠装电力电缆。 （3）非固定敷设的高压电缆，采用煤矿用橡套软电缆	
14		低压电缆的选用是否符合下列规定： （1）固定敷设的低压电缆，采用煤矿用铠装或者非铠装电力电缆或者对应电压等级的煤矿用橡套软电缆。 （2）非固定敷设的低压电缆，采用煤矿用橡套软电缆。 （3）移动式和手持式电气设备应使用专用橡套电缆	
15		电缆的固定敷设是否符合下列规定： （1）电缆应悬挂。电缆悬挂点间的距离，在竖井内不得大于6m，在正洞、平行导坑或斜井内不得大于3m。 （2）电缆不应与风、水管敷设在同一侧，当受条件限制需敷设在同一侧时，应敷设在管子的上方，其间距应大于0.3m。 （3）通信和信号电缆应与电力电缆分挂在隧道两侧。如果受条件所限，竖井内应敷设在距电力电缆0.3m以外的地方，主洞或平行导坑内应敷设在电力电缆上方0.1m以上的地方。 （4）电力电缆敷设在同一侧时，其间距应大于0.2m。 （5）有瓦斯抽排管路时，瓦斯抽排管路与电缆应分挂在隧道两侧	

续表 B-10

序号	项目	检查内容	检查结果
16	瓦斯隧道电气设备及机械	电缆的连接是否满足下列要求： （1）电缆与电气设备连接时，电缆芯线应使用齿形压线板（卡爪）、线鼻子或快速连接器与电气设备进行连接。 （2）不同型电缆之间严禁直接连接，应经过符合要求的接线盒、连接器或母线盒进行连接。 （3）同型橡套电缆的修补连接应采用阻燃材料进行硫化热补或与热补有同等效能的冷补，并应进行浸水耐压试验，合格后方可使用	
17		隧道内电压在 36V 以上和可能带有危险电压的电气设备的金属外壳、构架，铠装电缆的钢带（丝）、屏蔽护套等是否进行了保护接地	
18		避雷接地措施是否满足下列要求： （1）由地面架空线路引入隧道内的供电线路（动力电缆、照明电缆、瓦斯监控信号电缆、通信电缆等），应在隧道洞口处装设避雷装置。 （2）由地面直接进入隧道内的轨道和露天架空引入（出）的风、水等管路，应在隧道洞口附近将金属体进行不少于两处的良好的集中接地	
19		瓦斯工区电气设备使用是否符合下列规定： （1）当不得不使用非防爆型光电测距仪及其他有电源的设备时，在仪器设备 20m 范围内瓦斯浓度应小于 1.0%。 （2）应检查专用供电线路、专用变压器、专用开关、瓦斯浓度超限与供电的闭锁、风机与供电的闭锁等设备。 供电线路应无明接头，接头连接不紧密或散接头等失爆情况，应有齐全的漏电保护装置、接地装置、防护装置等，且电缆悬挂整齐	
20		瓦斯工区内作业机械是否严禁使用汽油机车	
21		高瓦斯工区和煤（岩）与瓦斯突出工区的挖掘机、装载机、运输车、混凝土罐车、混凝土泵车等作业机械是否都采取了防爆措施。高瓦斯工区的作业机械是否安装了车载瓦斯自动监控报警与断电系统的防爆装置；煤（岩）与瓦斯突出工区的燃油作业机械是否使用矿用防爆型柴油动力装置	
22		作业机械使用非防爆型时是否配备了便携式甲烷报警仪，并在瓦斯浓度超过 0.5% 时，停止作业机械运行	
意见及签名	项目部施工员		
	项目部安全负责人		
	项目部负责人		
	安全监理工程师		
	建设单位安全管理人员		

隧道施工安全检查清单——瓦斯隧道揭煤防突　　　　　　　　　　　　表 B-11

项目名称			合同段	
监管部门			建设单位	
施工单位			监理单位	
隧道名称			检查时间	
序号	项目	检查内容		检查结果
1	瓦斯隧道揭煤防突	具有煤（岩）与瓦斯突出危险的隧道，是否编制了揭煤防突专项施工方案		
2		煤（岩）与瓦斯突出地层在进行超前探测、突出危险性预测、防突措施及防突措施效果检验过程中，是否停止了与防突工作无关的作业		
3		在具有煤（岩）与瓦斯突出危险的工区施工时，是否满足任意两个相向开挖掌子面距离不应小于100m，同向（平行、相邻）开挖掌子面距离不应小于50m的规定		
4		防治煤（岩）与瓦斯突出措施是否在距突出煤层最小法向距离10m前的位置进行，地质构造复杂、围岩破碎的区域是否适当增加最小法向距离		
5		防治煤（岩）与瓦斯突出措施采用钻孔瓦斯抽放时，是否编制了瓦斯抽放专项施工方案		
7		采取防突措施实施后，是否在同一位置检验了防突措施有效性。当掘进至距煤层最小法向距离5m、2m的位置时是否分别再次对煤层突出危险性进行验证		
8		隧道开挖工作面揭开具有突出危险性煤层时，是否是在隧道外起爆，且起爆时所有人员均撤出洞外		
9		揭开不同倾角、厚度的煤层是否符合下列规定： （1）厚度不大于0.3m的急倾斜和倾斜煤层，应一次揭穿煤层。 （2）厚度大于0.3m的急倾斜和倾斜煤层，一次揭煤厚度宜为0.5~1.0m。 （3）缓倾斜煤层，应一次揭开最小保护厚度的岩柱。当倾角小于12°，岩柱水平长度较大时，可刷斜面揭开煤层		
10		在半岩半煤和全煤层中掘进时，揭穿煤后是否对揭煤断面周边法线距离5m范围的煤层进行突出危险性验证，验证超标则必须采取局部防突措施		
11		煤（岩）与瓦斯突出地层钻孔排放瓦斯期间，回风系统内是否进行了停电撤人		
12		揭煤过程中，是否采取了保持主风机正常运转、备用主风机及二路电源待启动状态的措施		
意见及签名	项目部施工员			
	项目部安全负责人			
	项目部负责人			
	安全监理工程师			
	建设单位安全管理人员			

附录 C 隧道施工工序影像记录要求

隧道工程工序影像记录要求 表 C-1

序号	拍摄内容		拍摄频度	照片要求	视频录像要求
	工序	具体内容			
1	明洞及洞门	基础	明洞、洞门挡墙基础开挖完成后	面向洞内方向，10m 范围内，开挖完成的全景一张、用尺子标明开挖宽度及深度尺寸（近景）一张	面向洞内方向，10m 范围内，从左至右，8~10s
		挡墙砌筑	砌筑过程和完成后	面向洞内方向，10m 范围内，砌筑过程全景、近景各一张，砌筑完成时全景一张	砌筑完成后，面向洞内方向，10m 范围内，从左至右，8~10s
		明洞钢筋	绑扎过程和完成后	明洞仰坡处 10m 范围内，面向洞外方向，绑扎过程及完成时全景各一张，绑扎完成后左侧、右侧、拱部用尺子标明绑扎钢筋间距尺寸各一张	绑扎完成后，明洞仰坡处 10m 范围内，面向洞外方向，从左至右，8~10s
		明洞衬砌	衬砌外模拆除，防水层铺设前	明洞仰坡处 10m 范围内，面向洞外方向，衬砌表面尖锐物清理完成后左侧、右侧、拱部、全景、近景各一张	明洞仰坡处 10m 范围内，面向洞外方向，从左至右，8~10s
		明洞防排水	防排水层每层铺设完成后	明洞仰坡处 10m 范围内，面向洞外方向，每层铺设完成后全景一张，排水管安设完成后全景一张	每层铺设完成后，明洞仰坡处 10m 范围内，面向洞外方向，从左至右，8~10s
		明洞回填	不同填料填筑过程及完成后	明洞仰坡处 10m 范围内，面向洞外方向，每一分层填筑过程及完成后全景	明洞仰坡处 10m 范围内，面向洞外方向，每一分层填筑完成后，从左至右，8~10s

续表 C-1

序号	拍摄内容		拍摄频度	照片要求	视频录像要求
	工序	具体内容			
2	开挖	掌子面围岩	每一开挖循环出渣完成后、衬喷前一次，含分步台阶断面	面向洞内方向，距开挖面10m范围内，正面全景、左侧面、右侧面各一张	面向洞内方向，距开挖面10m范围内，左侧至右侧，8~10s
3	初期支护	初喷	每一初期支护循环，初喷完成后一次	面向掌子面方向，10m范围内，初喷部位全景、喷射部位左侧面、拱部、右侧面各一张	面向掌子面方向，10m范围内，从左侧边墙至拱部，再至右侧边墙，13~15s
		钢筋网	每一初期支护循环，钢筋网铺设完成后	面向掌子面方向，10m范围内，安设部位全景一张，左侧、右侧、拱部用尺子标明钢筋网格尺寸各一张	面向掌子面方向，10m范围内，从左侧边墙至拱部，再至右侧边墙，13~15s，用尺子标明钢筋网格尺寸
		钢架	每一支护循环，钢架架设完成后	面向掌子面方向，10m范围内，安设部位全景一张，左侧面、拱部、右侧面用尺子标明钢架间距各一张	面向掌子面方向，10m范围内，从左侧边墙至拱部，再至右侧边墙，13~15s，用尺子标明钢架间距
		喷射混凝土	每一支护循环，喷射混凝土完成后	面向掌子面方向，10m范围内，喷射部位全景，喷射部位左侧面、拱部、右侧面各一张	面向掌子面方向，10m范围内，从喷射部位左侧边墙至拱部，再至右侧边墙，13~15s
		超前支护	每循环超前支护打设过程及安设完成后	面向掌子面方向，10m范围内，超前支护注浆过程全景一张，安设完成后安设部位全景、安设部位左侧、拱部、右侧用尺子标明超前支护间距各一张	打设完成后，面向掌子面方向，10m范围内，从安设部位左侧边墙至拱部，再至右侧边墙，13~15s，用尺子标明超前支护间距
		锚杆	每循环锚杆打设完成后	面向掌子面方向，10m范围内，安设部位全景，安设部位隧道左侧面、拱部、右侧面各一张，锁脚锚杆连接方式大样近景一张	面向掌子面方向，10m范围内，从打设部位左侧边墙至拱部，再至右侧边墙，13~15s

续表 C-1

序号	拍摄内容		拍摄频度	照片要求	视频录像要求
	工序	具体内容			
4	仰拱及铺底	开挖	开挖并清除基底虚渣完成后，对每一仰拱浇筑循环	面向洞口方向，距开挖面10m范围内，开挖完成后全景一张，用尺子标明开挖深度	面向洞口方向，距开挖面10m范围内，开挖完成后全景，从左至右，8~10s
		仰拱初期支护钢筋网	每模仰拱钢筋网铺设完成后	面向洞口方向，距安设面10m范围内，安设完成情况全景一张，用尺子标明钢筋网格尺寸	面向洞口方向，距安设面10m范围内，安设完成情况全景，从左至右，8~10s，用尺子标明钢筋网格尺寸
		仰拱初期支护钢架	每模仰拱钢架架设完成后	面向洞口方向，距安设面10m范围内，安设完成情况全景一张，用尺子标明钢架间距尺寸	面向洞口方向，距安设面10m范围内，安设完成情况全景，从左至右，8~10s，用尺子标明钢架间距尺寸
		仰拱初期支护喷射混凝土	每模仰拱喷射混凝土完成后	面向洞口方向，距安设面10m范围内，喷射完成后的全景一张	面向洞口方向，距安设面10m范围内，从左至右，喷射完成后的全景，8~10s
		仰拱防水层铺设	每模仰拱防水层铺设完成后	面向洞口方向，距安设面10m范围内，铺设完成的全景一张	面向洞口方向，距铺设面10m范围内，铺设完成的全景，从左至右，8~10s
		仰拱钢筋	每模仰拱衬砌钢筋绑扎完成后	面向洞口方向，距安设面10m范围内，绑扎完成后全景一张，用尺子标明环向主筋纵向及环向间距的左侧面、拱部、右侧面各一张	面向洞口方向，距安设面10m范围内，绑扎完成后全景，从左至右，8~10s，用尺子标明环向主筋纵向及环向间距
		仰拱浇筑	每模仰拱混凝土浇筑	面向洞口方向，距施工处10m范围内，浇筑过程中和浇筑完成后全景各一张	面向洞口方向，距施工处10m范围内，浇筑过程中和浇筑完成后全景，从左至右，各8~10s
		仰拱回填	每模仰拱回填浇筑	面向洞口方向，距回填处10m范围内，每完成回填浇筑20cm厚全景一张	每完成回填浇筑20cm后，面向洞口方向，距回填处10m范围内，从左至右，全景，8~10s
		铺底及路面	每20m、每一层施工	面向洞口方向，距回填处10m范围内，混凝土浇筑前、后全景各一张	浇筑完成后，面向洞口方向，距回填处10m范围内，从左至右，8~10s

续表 C-1

序号	拍摄内容		拍摄频度	照片要求	视频录像要求
	工序	具体内容			
5	拱墙防排水	防水层铺设前初期支护状况	无纺布铺设前	面向洞口方向，距铺设面10m范围内，本次铺设段初期支护全景、初期支护左侧面、拱部、右侧面各一张	面向洞口方向，距铺设面10m范围内，本次铺设段初期支护全景，从左侧边墙至拱部，再至右侧边墙，13~15s
		预留洞室防水层铺设前初期支护状况	每个预留洞室	初期支护完成全景	无
		排水管	环、纵、横向排水管安设完成后	每一根排水管安设部位全景一张、连接位部位大样图近景一张	面向洞口方向，距铺设面10m范围内，排水管安设部位全景，从左侧边墙至拱部，再至右侧边墙，13~15s
		无纺布	每10m无纺布铺设完成后	面向洞口方向，距铺设面10m范围内，铺设完成情况全景	面向洞口方向，距铺设面10m范围内，从左侧边墙至拱部，再至右侧边墙，铺设完成情况全景，8~10s
		预留洞室无纺布	每个预留洞室	无纺布铺设完成全景	无
		防水层	每10m防水层铺设完成后	面向洞口方向，距铺设面10m范围内，铺设完成情况全景，防水板焊缝情况近景（每10m段4处，各一张），防水板包裹纵向排水管情况近景（每10m段隧道左、右两侧，各一张），防水板铺设、吊挂方式近景一张	面向洞口方向，距铺设面10m范围内，铺设完成情况全景，从左侧边墙至拱部，再至右侧边墙，8~10s
		预留洞室防水层	每个预留洞室	面向洞口方向，距铺设面10m范围内，防水层铺设完成全景	无
		止水带	二次衬砌挡头模拆模后	面向洞口方向，距台车端头10m范围内，完成全景、左侧、右侧、拱部各一张	面向洞口方向，距台车端头10m范围内，止水带完成情况全景，从左侧边墙至拱部，再至右侧边墙，13~15s

续表 C-1

序号	拍摄内容		拍摄频度	照片要求	视频录像要求
	工序	具体内容			
6	二次衬砌	衬砌钢筋	每模衬砌循环，钢筋绑扎完成后	面向洞口方向，距安设面10m范围内，绑扎完成后全景一张，用尺子标明主筋纵向及环向间距的左侧面、拱部、右侧面各一张	面向洞口方向，距安设面10m范围内，安设完成情况全景，从左侧边墙至拱部，再至右侧边墙，13~15s
		衬砌厚度	每模衬砌循环端头模板拆除后，台车推进前	面向洞口方向，距安设面10m范围内，衬砌端头拆模后全景一张，用尺子标明的衬砌左侧、拱部、右侧厚度各一张	面向洞口方向，距安设面10m范围内，安设完成情况全景，从左侧边墙至拱部，再至右侧边墙，13~15s
		内置保温层	每模衬砌循环，铺设完成后	面向洞口方向，距安设面10m范围内，铺设完成的全景一张	面向洞口方向，距铺设段10m范围内，铺设完成的全景，从左侧边墙至拱部，再至右侧边墙，8~10s
7	电缆槽、中心排水沟	开挖	每10m开挖并清基完成后	面向洞口方向，距开挖面10m范围内，开挖完成后全景，用尺子标明开挖基础深度	面向洞口方向，距开挖面10m范围内，从左至右，开挖完成后全景，8~10s
		钢筋	每10m钢筋绑扎完成后	面向洞口方向，距开挖面10m范围内，用尺子标明钢筋主筋间距的全景一张，钢筋间距大样近景一张	用尺子标明钢筋主筋间距的全景，从左至右，8~10s
		安设	每10m安设完成或浇筑完成并拆模后，回填前或采用盖板覆盖前	面向洞口方向，距开挖面10m范围内，全景一张，同横向排水管的连接情况近景一张。排水沟为两侧时，按上标准分别拍摄	面向洞口方向，距安设面10m范围内，从左至右，安设完成的全景，8~10s
8	防寒泄水洞出水口	分层铺筑过程	每层填料铺设完成后	面向洞口方向，距施工处10m范围内，基础清理完成和每层铺设完成的全景一张	面向洞口方向，距施工处10m范围内，每层铺设完成后，从左至右，各8~10s
9	外置保温层	保温层	每20m，龙骨安设完成后保温层铺设前、保温层铺设完成后	面向洞口方向，距施工段10m范围内，龙骨安设完成和保温层铺设完成的全景各一张	面向洞口方向，距施工段10m范围内，龙骨安设完成和保温层铺设完成全景，从左至右，8~10s

注：防寒泄水洞、车行及人行横通道、斜井等的开挖、支护、防排水、铺底等施工照片、视频录像要求同主洞。

附录 D 掌子面围岩观察记录

掌子面围岩观察记录表　　　　　　　　　　　　　　　表 D-1

工程名称		隧道	左洞 □	位置	掌子面里程桩号	
			右洞 □		距洞口距离（m）	进口 □ 出口 □
开挖方法						
岩性			坚硬岩（MPa） （Rb>60）□	较坚硬岩（MPa） （30<Rb）□	较软岩（MPa） （15<Rb）□	软岩（MPa） （5<Rb）□	极软岩（MPa） （Rb≤5）□

岩体完整程度	结构面组数	结构面平均间距（m）	主要结构面结合程度	结构类型	完整程度
	1~2	>1.0	好或一般	整体状或巨厚层结构	完整□
	1~2	>1.0	差	块状或厚层状结构	较完整□
	2~3	1.0~0.4	好或一般	块状结构	
	2~3	1.0~0.4	差	裂隙块状或中厚层结构	较破碎□
	>3	0.4~0.2	好	镶嵌碎裂结构	
			一般	中、薄层状结构	
	>3	0.4~0.2	差	裂隙块状结构	破碎□
		<0.2	一般或差	碎裂状结构	
	无序	—	很差	散体状结构	极破碎□

地下水状态，P 单位 MPa，Q 单位 L/min·m	无水 □	潮湿或点滴状出水 P<0.1 或 Q≤25 □	淋雨状或涌流状出水， 0.1<P<0.5 或 25<Q<125 □	淋雨状或涌流状出水， P>0.5 或 Q>125 □

极高地应力	硬质岩：开挖时有岩爆发生，有岩块弹出，洞壁岩体发生剥离，新生裂缝多，成洞性差； 软质岩：岩芯常有饼化，洞壁岩体有剥离，位移显著，甚至发生大位移，持续时间长，不易成洞	□
高地应力	硬质岩：开挖过程中可能出现岩爆，洞壁岩体有剥离和掉块现象，新生裂缝较多，成洞性差； 软质岩：岩芯时有饼化现象，开挖过程中洞壁岩体位移显著，持续时间较长，成洞性差	□

不良地质	瓦斯	有□ 无□	掌子面素描：
	岩溶突泥	有□ 无□	
	断层	有□ 无□	

设计围岩级别	Ⅵ□	Ⅴ□	Ⅳ□	Ⅲ□	Ⅱ□	Ⅰ□
施工围岩级别	Ⅵ□	Ⅴ□	Ⅳ□	Ⅲ□	Ⅱ□	Ⅰ□
备注						
天气情况：晴/雨/雪	记录：		复核：		日期：	

注：现场判断后在□中打钩记录。

附录 E 隧道凿岩台车

E.0.1 设备参数
凿岩台车设备参数见表 E-1。

凿岩台车设备参数表　　　　　　　表 E-1

序号	项目		参数	单位
1	常规参数	设备型号	ZYS113	—
2		设备类型	三臂凿岩台车	—
3	整机尺寸	机器重量	52000	kg
4		外形尺寸（长×宽×高）	16100×2900×3600	mm
5	电气系统	总装机功率	325	kW
6		外接电缆长度	100	m
7	作业性能	最大作业覆盖面积	16.6×11.3	m^2
8		最大作业高度	11300	mm
9		最大作业宽度	16600	mm
10		钻孔深度	5340	mm
11		钻孔直径	41～140	mm

E.0.2 设备特点

1　可依据预先导入车载计算机的钻孔参数规划设计图，一键激活，精确布阵三路钻孔大臂，实现全自动高效智能化钻孔。

2　可通过实时监测钻孔压力、钻孔速度等参数，并通过软件分析复原地质状况，形成超前地质勘探和地质分析报告。

3　激光扫描仪记录每一次爆破前后的隧道轮廓，逆向生成截面三维结构模型，得出超欠挖数据。

4　可通过远程终端实时监控隧道内钻孔情况，实现远程指挥。

5　可进行多角度凿岩推进，快速方便进行系统锚杆打设施工。

6　对于独头掘进 3000m 以上的隧道在临时用电布置时应考虑高压进洞。

E.0.3 效果展示

凿岩台车现场施工如图 E-1 所示。

a) 凿岩台车钻孔施工　　　　　　b) 凿岩台车锚杆施工

图 E-1　凿岩台车现场施工

附录 F 工厂化生产和仓储式管理

F.0.1 钢筋加工设备

钢筋加工设备表见表 F-1，钢筋加工设备图如图 F-1 所示。

钢筋加工设备表　　　　　　　　　　表 F-1

序号	设备名称	设备功能	单位
1	数控钢筋焊网机	钢筋网片焊接	台
2	等离子切割机	拱架连接钢板切割	台
3	小导管尖头加工机	小导管自动缩尖	台
4	小导管数控冲孔机	小导管自动打孔	台
5	多功能联合冲剪机	拱架连接板打孔	台
6	液压全自动冷弯机	型钢拱架加工	台
7	数控钢筋弯箍机	箍筋、拉筋加工	台
8	液压全自动金属锯床	钢筋套丝前锯端头	台
9	二氧化碳保护焊机	拱架焊接	台
10	钢筋弯曲机	钢筋加工	台
11	全自动钢筋直螺纹滚丝机	钢筋车丝	台
12	液压全自动滚丝机	钢筋车丝	台
13	数控钢筋调直切断机	盘圆钢筋调直、切断	台
14	8字筋成型机	8字筋加工	台
15	电弧焊机	拱架焊接	台
16	10T 桁吊	材料吊装	台

a) 数控钢筋焊网机　　　　　　　　b) 等离子切割机

图 F-1

c)小导管尖头加工机

d)小导管数控冲孔机

e)多功能联合冲剪机

f)全自动液压冷弯机

g)数控钢筋弯箍机

h)全自动液压金属锯床

图 F-1　钢筋加工设备图

F.0.2　仓储式管理

运用信息化系统实现材料从进场点收、初验报检、试验检测、领料申请、复核发放、库存盘点、统计核算等全过程流程化、仓储式管理。仓储式管理流程图如图 F-2 所示。

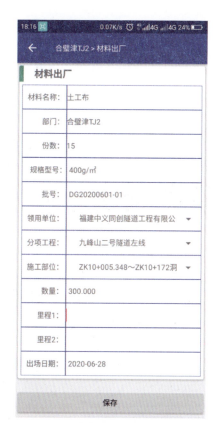

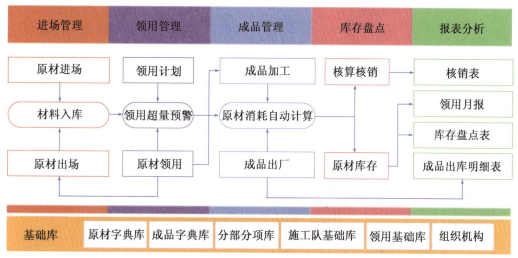

图 F-2 仓储式管理流程图

F.0.3 管理效果展示

材料存放仓储式管理，实现物资摆放标准化、机具保养标准化；按照仓储式管理要求，对钢筋加工厂、材料库、中心试验室操作过程进行视频监控。库房管理如图 F-3 所示。

材料进场库管员按到达的批次，有序存放，实行先进先出、对应货架进行合理摆放，做到堆放整齐、道路畅通、减少搬运和降低损耗、标识清晰、内容完整，便于清点、收发和保养。材料管理如图 F-4 所示。

a)库房标准化

b)库房远程监控

图 F-3　库房管理

a)材料清点

b)材料堆放

图 F-4　材料管理

材料出场库管员核对出库原材料和半成品的名称、规格、型号、数量、尺寸无误后，对不同工序所需的材料分别用打包机进行打包编号并粘贴二维码，并由相关人员签字确认出库。材料打包管理如图 F-5 所示。

a)现场打包图

b)钢材成品

图 F-5　材料打包管理

附录 G 拱架安装台车

G.0.1 设备参数

车载式机械臂拱架安装台车参数见表 G-1。

车载式机械臂拱架安装台车　　表 G-1

类 型	参 数
组成	机械臂、柴电双动力系统、液压系统、电气系统、电气系统、行走装置
设备尺寸	13800mm×2900mm×2970mm（长×宽×高）
行走速度	2.8km/h
设备重量	15.4t
安全设置	安全踏板及警示标志

G.0.2 设备特点

1 配备臂架、工作平台，可实现臂架协同作业。
2 台车夹钳拆卸后可更换上其他隧道施工器具，实现"一车多用"的功能。
3 工人可通过举升机构进行不同高度的拱架安装，随车配备对讲系统，智能、方便。

G.0.3 效果展示

拱架安装台车施工如图 G-1 所示。

a)车载式机械臂拱架安装台车

b)多功能拱架安装台车

图 G-1　拱架安装台车施工

附录 H 湿喷机械手

H.0.1 设备参数

湿喷机械手设备参数见表 H-1。

湿喷机械手设备参数 表 H-1

类 型	参 数
尺寸	8450mm×2460mm×3380mm（长×宽×高）
重量	16t
作业半径	16m
理论喷射量	30m³/h
喷射集料最大粒径	16mm
抬起高度	14m
俯卧高度	−5.5m
控制形式	全遥控

H.0.2 设备特点

1 机械正常工作时为电动机驱动，底盘柴油动力用于行走。

2 外添加剂系统可对速凝剂进行精确的计量。

3 可实现混凝土与速凝剂的快速、全面和有效混合，从而有效控制混凝土喷射回弹和施工质量。

4 9 个自由度的机械手，动载稳定性好，操作灵活方便，作业范围大，可准确控制喷射距离及行为。

H.0.3 效果展示

湿喷作业完成效果图如图 H-1 所示。

图 H-1 湿喷作业完成效果图

附录 I 分层逐窗浇筑系统

I.0.1 设备参数

三车道隧道分层逐窗浇筑设备参数见表 I-1。

三车道隧道分层逐窗浇筑设备参数　　　　表 I-1

项 目	参 数	单 位
衬砌模板长度	12.1	m
过车净空	5.05	m
钢轨中心距	8.8	m
最大台车升降量	500	mm
最大台车横移量	左右各 120	mm
走行速度	8	m/min
走行电机功率	2×7.5	kW
液压系统功率	5.5	kW

I.0.2 设备特点

1 衬砌台车所有上下通道采用踏步梯，梯子平台人性化设计，方便现场施工和通行，促进安全和文明施工。

2 与混凝土分层布料机配套使用，实现混凝土带压布料，泵送入模的原则，自动化分层逐窗入模浇筑，克服一孔灌到底浇筑导致混凝土离析、产生"人"字坡冷缝的弊端。

3 不用人工拆管、换管、清洗、接管和固定等，仅需两名操作人员轻松操作控制元件即可实现泵送接口不同位置的变换，实现机械化施工，操作简单快捷，所需人员少，耗时短。

4 衬砌台车与已施工完成衬砌搭接处使用软搭接，有效解决施工缝错台。

5 灌满提醒：通过压力传感器和液位型防脱空装置的双重手段检测灌满信号。

6 集成传输系统功能：浇筑方量显示、浇筑压力显示、灌满饱满度提醒、混凝土液位显示、脱模时间设定、入模温度显示、附着式振捣器振捣控制相关施工数据自动记录并具备上传功能。

I.0.3 效果展示

自动浇筑管路系统如图 I-1 所示。

图 I-1 自动浇筑管路系统

附录 J 恒温恒湿养护台车

J.0.1 设备参数

恒温恒湿养护台车参数见表 J-1。

恒温恒湿养护台车参数　　　　　　　表 J-1

序号	设备名称	规格型号	数量
1	自动行走养护台车	自制	1 台
2	红外测温探头	ABSD-01A	4 套
3	智能四路显示仪	—	1 套
4	数显温控开关	—	1 套
5	水箱 + 加热管	自制	1 套
6	喷头 + 软管	—	若干
7	增压泵	—	1 台

J.0.2 设备特点

1　养护水温可调：可测试混凝土表面温度，根据混凝土温度调节养护水温，确保混凝土表面与水温差在 ±15℃，并将符合温度要求的水喷洒在混凝土表面。

2　自动行走：具有电动自行行走系统，台车移动方便，可对附近二次衬砌进行养护；养护台车往复行走喷雾，确保混凝土表面润湿。

3　喷雾养护：采用喷雾养护，混凝土表面保持水膜，节约用水。

附录 K　防水层铺挂台车

K.0.1　设备特点

1　台架为轮胎自行式，无须人工铺轨，操作便捷。

2　台架满足长度为6m及6m以下所有规格的防水板及土工布半自动铺设，减少人工操作，加快施工时间，提升施工效率。

3　台架设有防水板及土工布铺展机构，使之贴合初期支护面效果更佳；自动铺展机构可调节长度以适应隧道衬砌断面变化。

4　台架设计有升降式钢筋顶升模架，节省人工劳动力。

5　台架设计有侧向电动伸缩式工作平台，方便施工。

6　台架设有防水板及土工布提升机构，节省人工劳动力。

7　台架采用遥控操作，一人即可操控。

8　台架设计有初期支护检测拱架，配合举升机构，进行初期支护轮廓预检。

K.0.2　效果展示

防水层铺挂台车如图 K-1 所示。

图 K-1　防水层铺挂台车

附录 L 仰拱液压栈桥模架一体机

L.0.1 设备参数

三车道隧道仰拱液压栈桥模架一体机参数见表 L-1。

三车道隧道仰拱液压栈桥模架一体机　　　　　表 L-1

序号	项目	参数	单位
1	循环衬砌长度	12	m
2	功率	22	kW
3	整机横移速度	0.5	m/min
4	最大通行荷载	60	t
5	通行长度	42	m
6	行走速度	6	m/min
7	最大行走坡度	10	%

L.0.2 设备特点

1 栈桥可让车辆从填充层通过栈桥直达开挖掌子面，完美配合各类开挖方式下的仰拱混凝土施工，实现掌子面开挖与仰拱施工工序平行作业，达到衬砌早封闭，早成环的施工要求。

2 附带弧形模板，采用液压系统移动就位，使仰拱整体一次成型，避免了原分幅浇筑，再浇筑矮边墙的做法，减少了接缝，避免了填充侵入仰拱，确保仰拱受力线形。

3 自带行走系统，行走灵活，有效作业长度达 24m，可同时浇筑仰拱填充及下一模仰拱，形成流水作业，实现了仰拱开挖、钢筋绑扎、混凝土浇筑平行流水作业。

4 仰拱弧形模板设置有配套的填充挡头板、仰拱挡头板、中埋止水带安装装置等构件，实现仰拱、填充分层浇筑，有效提升施工质量。

L.0.3 效果展示

仰拱液压栈桥模架一体机如图 L-1 所示。

图 L-1 仰拱液压栈桥模架一体机

附录 M 液压水沟电缆槽台车

M.0.1 设备特点

1 台车油缸数量少，既减少工序，降低操作难度，又提高工作效率。

2 台车设计可以一次性锁紧每个模板，便于拆装。

3 台车一个沟槽模板对应设置一个连接装置，采用一一对应的结构，提高结构的可靠性。

4 台车采用连杆的方式不仅结构简单，还使沟槽模具有一定的活动范围，更加便于脱模。

M.0.2 效果展示

液压水沟电缆槽效果图如图 M-1 所示。

图 M-1 液压水沟电缆槽效果图

附录 N 超前地质预报（分期）报告格式

预警级别：

隧道超前地质预报报告

检测单位名称（专用章）：××××××××公司　　报告编号：××××××××（#）

工程名称	××××高速公路	预报方法	地质雷达法
隧道名称	××隧道	洞口	左幅进口
预报里程	K281+945～K281+970	依据规范	
主要仪器设备及编号	SIR 3000 地质雷达 GL0210000311、100MHz 天线 GL02100003-100-02		

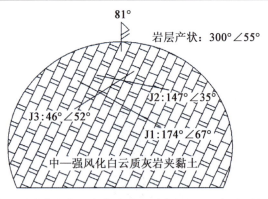

隧道掌子面为中风化～强风化白云质灰岩，较坚硬；节理裂隙较发育，岩体破碎，裂隙充泥，左侧夹层泥质较多，中部和右侧岩体呈薄层状；掌子面干燥，易掉块，围岩完整性和稳定型较差。

不良地质预警图

预警段汇总表

里程范围	长度（m）	不良地质类型	预警级别	说明
K281+950～K281+955	5	断层破碎带	Ⅱ	—
K281+965～K281+970	5	涌水突泥	Ⅰ	—

预报结论：
1. 设计围岩级别Ⅴ级，建议围岩级别Ⅴ级，无变化。
2. 本期预警级别为Ⅰ级，存在两处潜在不良地质。

附加声明：

检测：　　　审核：　　　批准：　　　日期：　　年　月　日

图 N-1　地质预报（分期）报告参考格式

附录 Q 监控量测管理系统

Q.0.1 系统功能

1 可根据不同组织架构和管理模式建立和分配角色，可多种终端类型和多个终端用户便捷使用、做到不同层级的数据隔离与共享。

2 根据用户专业习惯和业务特点建立知识库、预警规则体系。

3 可通过移动终端人工采集输入或硬件（如全站仪）等设备无线导入等方式采集数据。

4 具有数据安全性和稳定性验证和评估功能，确保数据不漏测、误测。

5 可实现 GIS 一张图综合展示监测成果与施工各工序进度，点击"一张图"上具体位置或具体测点可跳转到对应的数据列表或数据图。

6 通过系统消息的推送和通信短信发送确保能将紧急情况精准及时地送达给各单位相关人员。

7 实现无纸化档案管理：原始记录、提交后的报告、其他资料系统化归档，所有参建单位技术人员可根据需要筛选、查询，单个或批量下载。

8 建设期结束，资料移交时只需将档案库做关联迁移，可供运营单位便捷无遗漏地查看、下载。

Q.0.2 效果展示

监控量测管理系统如图 Q-1 所示。

图 Q-1 监控量测管理系统